中华人民共和国行政复议法

注释本

李凌云　编著

法律出版社
LAW PRESS CHINA
·北　京·

图书在版编目(CIP)数据

中华人民共和国行政复议法注释本 / 李凌云编著. -- 3 版. -- 北京：法律出版社，2023
(法律单行本注释本系列)
ISBN 978-7-5197-8161-3

Ⅰ. ①中… Ⅱ. ①李… Ⅲ. ①行政复议法－法律解释－中国 Ⅳ. ①D922.112.5

中国国家版本馆 CIP 数据核字(2023)第 138843 号

中华人民共和国行政复议法注释本
ZHONGHUA RENMIN GONGHEGUO XINGZHENG FUYIFA ZHUSHIBEN

李凌云 编著

责任编辑 李 群 陈 熙
装帧设计 李 瞻

出版发行 法律出版社
编辑统筹 法规出版分社
责任校对 张翼羽
责任印制 耿润瑜
经　　销 新华书店

开本 850 毫米×1168 毫米 1/32
印张 5　**字数** 127 千
版本 2023 年 9 月第 3 版
印次 2023 年 9 月第 1 次印刷
印刷 永清县金鑫印刷有限公司

地址:北京市丰台区莲花池西里 7 号(100073)
网址:www.lawpress.com.cn
投稿邮箱:info@lawpress.com.cn
举报盗版邮箱:jbwq@lawpress.com.cn
销售电话:010-83938349
客服电话:010-83938350
咨询电话:010-63939796

书号:ISBN 978-7-5197-8161-3
定价:20.00 元
凡购买本社图书,如有印装错误,我社负责退换。电话:010-83938349

编辑出版说明

现代社会是法治社会,社会发展离不开法治护航,百姓福祉少不了法律保障。遇到问题依法解决,已经成为人们处理矛盾、解决纠纷的不二之选。然而,面对纷繁复杂的法律问题,如何精准、高效地找到法律依据,如何完整、准确地理解和运用法律,日益成为人们“学法、用法”的关键所在。

为了帮助读者快速准确地掌握“学法、用法”的本领,我社开创性地推出了“法律单行本注释本系列”丛书,至今已十余年。本丛书历经多次修订完善,现已出版近百个品种,涵盖了社会生活的重要领域,已经成为广大读者学习法律、应用法律之必选图书。

本书具有以下特点:

1. 出版机构权威。成立于1954年的法律出版社,是全国首家法律专业出版机构,始终秉承“为人民传播法律”的宗旨,完整记录了中国法治建设发展的全过程,享有“社会科学类全国一级出版社”,入选“全国百佳图书出版单位”等荣誉称号。

2. 编写人员专业。本书由相关法律领域内的专业人士编写,确保图书内容始终紧跟法治进程,反映最新立法动态,体现条文本义内涵。

3. 法律文本标准。作为专业的法律出版机构,多年来,我社始终使用全国人民代表大会常务委员会公报刊登的法律文本，积淀了丰富的标准法律文本资源，并根据立法进度及时更新相关内容。

4. 条文注释规范。 本书对每个条文提炼条文主旨，并对每个条文进行注释，使读者能精准掌握立法意图，轻松理解条文内容。

5. 适用要点详细。 本书特设“适用要点”栏目，对实务运用中应该注意的事项、常见的处理方法、关键字句的理解、需要注意的细节或陷阱等，作详细而有条理的阐释。

6. 关联法规全面。 本书收录常用法律法规、部门规章等，方便读者快速找到相关联的法规，使全书更为实用。

7. 新旧对照清晰。 本书特设双栏新旧对照表，增、删、改规定醒目标出，让读者精准把握新旧变化的内容。

需要说明的是，本书中“适用要点”“条文主旨”“条文注释”等内容皆是编者为方便读者阅读、理解而编写，不同于国家正式通过、颁布的法律文本，不具有法律效力。本书不足之处，恳请读者批评指正。

我们用心打磨本书，以期为法律相关专业的人士释法解疑，致力于为每个公民的合法权益撑起法律的保护伞。

法律出版社法规中心

2023 年 9 月

目　　录

《中华人民共和国行政复议法》适用提要

2023 年 9 月 1 日，第十四届全国人民代表大会常务委员会第五次会议通过了《中华人民共和国行政复议法（修订草案）》，自 2024 年 1 月 1 日起施行。

行政复议是化解行政争议的重要法律制度，主要功能是防止和纠正违法的或者不当的行政行为，保护公民、法人或者其他组织的合法权益。2023 年修订《行政复议法》，明确行政复议原则、职责和保障，完善行政复议范围有关规定，增加行政复议申请便民举措，强化行政复议吸纳和化解行政争议的能力，完善行政复议受理及审理程序，加强行政复议对行政执法的监督等。

现行《行政复议法》于 1999 年制定，《行政复议法》的颁布实施是我国民主法治建设进程中的一件大事，对防止和纠正违法的或者不当的行政行为，保护公民、法人和其他组织的合法权益，保障和监督行政机关依法行使职权发挥了重要作用。20 多年来，行政复议作为有效解决行政争议的法定机制，利用其方便群众、快捷高效、方式灵活等优势，成为化解行政争议和维护人民群众合法权益的重要渠道。当前，随着我国经济社会发展，需要加强和改进行政复议工作，解决制约行政复议发挥监督、救济作用的突出问题，满足人民群众对实质性化解行政争议的新要求、新期待。为贯彻落实习近平总书记重要指示和党中央决策部署，巩固改革成果，完善、优化行政复议制度，有效发挥行政复议化解行政争议的作用，对《行政复议法》进行全面修订十分必要。

2023年《行政复议法》的主要修改亮点有以下六个方面：

1. 明确行政复议有关原则和要求

明确行政复议机关应当遵循合法、公正、公开、高效、便民、为民的原则，办理行政复议案件可以进行调解；提出国家建立专业化、职业化行政复议人员队伍，要求行政复议机关支持和保障行政复议机构履行职责，对行政复议指导性案例发布、人员和场所保障等作出规定。

2. 优化行政复议管辖体制

取消地方人民政府工作部门的行政复议职责，由县级以上地方人民政府统一行使，同时保留实行垂直领导的行政机关、税务和国家安全机关的特殊情形，相应调整国务院部门的管辖权限，并对有关派出机构作出灵活规定。

关于行政复议管辖体制，主要作了以下规定：(1)明确县级以上地方各级人民政府统一行使行政复议职责，取消地方各级人民政府工作部门的行政复议职责。(2)规定海关、金融、外汇管理等实行垂直领导的行政机关、税务和国家安全机关，保留行政复议职责。(3)规定国务院部门管辖本部门及其派出机构、授权组织作为被申请人的行政复议案件。(4)对直辖市、设区的市人民政府工作部门依法设立的派出机构作为被申请人的行政复议案件，作出相对灵活的管辖制度安排。(5)规定对履行行政复议机构职责的地方人民政府司法行政部门的行政行为不服的，申请人可以向本级人民政府申请行政复议，也可以向上一级司法行政部门申请行政复议。总体来说，关于管辖制度的最主要修改是，除垂直领导等特殊情形外，申请人对县级以上地方各级人民政府工作部门及其派出机构、授权组织等作出的行政行为不服的，以前是选择向本级人民政府申请行政复议或者上一级主管部门申请行政复议，今后是统一向本级人民政府申请行政复议。

3. 加强行政复议吸纳行政争议的能力

扩大行政复议范围，明确对行政赔偿、工伤认定、行政协议、政府信息公开等行为不服的，可以申请行政复议；优化行政复议前置范围，明确对当场作出的行政处罚决定、未履行法定职责、不予公开政府信息等行为不服的，应当先申请行政复议，将行政复议前置其他情形的设定权限明确为法律和行政法规。

关于扩大行政复议范围，主要增加下列情形：(1)对行政机关作出的赔偿决定或者不予赔偿决定不服；(2)对行政机关作出的不予受理工伤认定申请决定或者工伤认定结论不服；(3)认为行政机关不依法订立、不依法履行、未按照约定履行或者违法变更、解除政府特许经营协议、土地房屋征收补偿协议等行政协议；(4)认为行政机关在政府信息公开工作中侵犯其合法权益。

关于完善行政复议前置范围主要作了以下规定：(1)将对当场作出的行政处罚决定不服、认为行政机关未依法履行法定职责、申请政府信息公开但行政机关不予公开的情形纳入行政复议前置范围；(2)将行政复议前置其他情形的设定权限由“法律、法规”修改为“法律、行政法规”；(3)规定对行政复议前置情形，行政机关在作出行政行为时应当告知公民、法人或者其他组织先向行政复议机关申请行政复议。

4. 健全行政复议申请和受理程序

增加申请复议便民举措，提出复议前置情形告知要求，明确行政复议受理条件，增设申请材料补正制度。

关于便民举措主要作了以下规定：(1)申请人、第三人可以委托一至二名律师、基层法律服务工作者或者其他代理人代为参加行政复议。(2)符合法律援助条件的行政复议申请人申请法律援助的，法律援助机构应当依法为其提供法律援助。(3)行政机关通过互联网渠道送达行政行为决定的，应当同时提供提交行政复议申请书的互联网渠道。(4)行政复议申请材料不齐全或者表述不清楚,行政复议机关无法判断是否符合受理条件的,应当在五日内书面通知申请人补正。(5)对当场作出或者依据电子技术监控设备记录的违法事实作出的行政处罚决定不服申请行政复议的,可以通过作出行政处罚决定的行政机关提交行政复议申请。

5. 完善行政复议审理程序

建立提级审理制度,增加简易程序及其适用情形,健全行政复议证据规则,实行普通程序听取意见原则,新增听证和行政复议委员会制度,完善行政复议附带审查规范性文件程序。

关于行政复议审理的一般要求主要作了以下规定:(1)规定上级行政复议机关根据需要,可以审理下级行政复议机关管辖的行政复议案件。(2)规定行政复议中止、终止程序,对行政复议期间停止执行的情形作出规定。(3)完善行政复议证据规定,对申请人、被申请人的举证责任,以及行政复议机关的调查取证予以明确。(4)增加了简易程序,促进行政复议案件的"繁简分流"。

关于适用普通程序审理案件的要求主要作了以下规定:(1)规定除当事人原因不能听取意见外,行政复议机构应当通过多种方式听取当事人意见。(2)规定审理重大、疑难、复杂案件,行政复议机构应当组织听证。(3)规定县级以上各级人民政府应当建立行政复议委员会,为办理行政复议案件提供咨询意见,就行政复议工作中的重大事项和共性问题研究提出意见。行政复议委员会的咨询意见是行政复议决定的重要参考依据。

6. 强化行政复议决定及其监督体系

细化变更、确认违法等决定的适用情形,调整决定顺序,增加确认无效、责令履行行政协议等决定类型;增设行政复议意见书、约谈和通报批评、行政复议决定抄告等监督制度。

关于优化行政复议决定体系主要作了以下规定:(1)重新调整行政复议决定的顺序,将变更决定、撤销决定和确认违法决定予以细化,并放在突出位置。(2)强化变更决定的运用,增加变更决定的适用情形。(3)对行政协议的决定类型作特殊规定。(4)对调解书的制作和生效、行政复议和解等作出规定。(5)规定行政复议机关在办理行政复议案件中,发现被申请人或者其他下级行政机关的有关行政行为违法或者不当的,可以制发行政复议意见书。

关于强化执行行政复议决定的执行监督力度主要作了以下规定:(1)规定被申请人不履行或者无正当理由拖延履行行政复议决定书、调解书、意见书的,行政复议机关或者有关上级行政机关应当责令其限期履行,并可以约谈被申请人的有关负责人或者予以通报批评。(2)规定申请人、第三人逾期不起诉又不履行行政复议决定书、调解书,或者不履行最终裁决的行政复议决定的,根据不同的决定类型,分别由有关机关强制执行。(3)针对被申请人不履行或者无正当理由拖延履行行政复议决定书、调解书、意见书的行为,规定相应法律责任。

中华人民共和国行政复议法

（1999年4月29日第九届全国人民代表大会常务委员会第九次会议通过　根据2009年8月27日第十一届全国人民代表大会常务委员会第十次会议《关于修改部分法律的决定》第一次修正　根据2017年9月1日第十二届全国人民代表大会常务委员会第二十九次会议《关于修改〈中华人民共和国法官法〉等八部法律的决定》第二次修正　2023年9月1日第十四届全国人民代表大会常务委员会第五次会议修订）

第一章　总　　则

第一条　【立法目的】为了防止和纠正违法的或者不当的行政行为，保护公民、法人和其他组织的合法权益，监督和保障行政机关依法行使职权，发挥行政复议化解行政争议的主渠道作用，推进法治政府建设，根据宪法，制定本法。

条文注释

本条是关于立法目的的规定。

行政复议是行政救济制度之一，是公民、法人或者其他组织等行政相对人不服行政机关作出的行政行为，向行政复议机关提出申请，由受理该申请的行政复议机关依照法定程序和权限，对引起争议的行政行为进行全面审查并作出决定的法律制度。根据本条规

定,立法目的体现在五个方面:

第一,防止和纠正违法的或者不当的行政行为。行政复议是一项行政机关内部自我纠正错误的监督机制,是政府系统自我纠错的监督制度和解决“民告官”争议的救济制度,其目的就是防止并纠正行政机关及其工作人员作出违法的或者不适当的行政行为。《行政复议法》以防止和纠正行政机关违法的或者不当的行政行为为目的,在国家行政机关内部建立起自我防范和纠错的监督机制,对促进和监督行政机关依法行政,具有重大的意义。

第二,保护公民、法人和其他组织的合法权益。和行政诉讼一样,行政复议是行政相对人面对处于不对等法律地位的行政机关作出的行政行为,寻求法律保护的一条渠道。行政机关作出的行政行为如果违法或者不当,必然会对公民、法人和其他组织的合法权益造成侵害。对于这种侵害,就要从法律制度上建立消除侵害、加以救济的机制。行政复议为保护行政相对人合法权益提供有力的法治保障,能够使其免受不法行为的侵害,并使其受到侵害的权益得到恢复。

第三,监督和保障行政机关依法行使职权。2023 年修改的《行政复议法》将 2017 年《行政复议法》中的“保障和监督”修改为“监督和保障”,将监督作用放在了更为优先的位置。一方面,通过各级行政机关对其下级行政机关作出的行政行为实施审查,纠正其违法和不当的行政行为,起到了监督和保障行政机关依法行使职权的作用。另一方面,由于行政复议也是一种行政行为,也需要监督和保障行政复议机关依法行使职权。

第四,发挥行政复议化解行政争议的主渠道作用。近年来中央多次强调要发挥行政复议的主渠道作用,此为 2023 年修改的一大亮点。行政复议成为化解行政争议的主渠道,是行政复议制度优势得以充分发挥的理想模式与最优状态。理解“主渠道”作用,应从数量与质效两个方面进行把握。在数量上,“主渠道”要求在整个多元纠纷化解体系中,行政复议能够吸收大量行政争议并体现为量化标准。即行政复议案件量应当数倍于行政诉讼案件数量,且同时要超过信访案件数量。在质效上,“主渠道”要求行政争议进入行政复议程序之后,能够得到实质性化解,努力形成“大复议、中诉讼、小信访”的行政争议纠纷解决格局,使行政复议真正成为行政争议进入诉讼前的“过滤器”,信访前的“分流阀”。因此,注重提升行政复议的公信力和权威性,重点解决制约发挥化解行政争议主渠道作用的突出矛盾,有助于将制度优势转化为制度效能。

第五,推进法治政府建设。法治政府建设是推进全面依法治国的重点任务和主体工程,对法治国家、法治社会建设具有示范带头作用。行政复议作为行政系统实现自我纠错的监督制度、解决“民告官”行政争议问题的救济制度,是推进法治政府建设的重要抓手。通过修法引领行政复议体制机制不断完善,推动与法治政府建设目标同向发力。

关联法规

《宪法》;《行政诉讼法》第1条;《行政复议法实施条例》第1条;《自然资源行政复议规定》第1条;《税务行政复议规则》第1条;《交通运输行政复议规定》第1条;《海关行政复议办法》第1条;《行政复议法实施条例》第1条;《环境行政复议办法》第1条

第二条　【适用范围】公民、法人或者其他组织认为行政机关的行政行为侵犯其合法权益,向行政复议机关提出行政复议申请,行政复议机关办理行政复议案件,适用本法。

前款所称行政行为,包括法律、法规、规章授权的组织的行政行为。

条文注释

本条是关于行政复议法适用范围的规定。

行政复议作为政府内部的重要监督和纠错机制,具有丰富的特点。行政行为是具备行政主体资格的国家行政机关和经法定授权的社会组织行使行政职权而实施的对外产生法律效果的行为。2023年修改《行政复议法》时,将“具体行政行为”一词修改为“行政行为”,旨在将行政不作为、事实行为以及以行政协议为标志的双方行政行为纳入《行政复议法》的适用范围,从而增强其包容性。2017年

《行政复议法》中"具体行政行为"的概念与"抽象行政行为"相对应，主要考虑是限定复议范围。由于"具体行政行为"是一个相对有限、模糊的概念，实践中有行政机关不愿受理复议案件，为"具体行政行为"设定标准，对应当受理的复议案件不予受理。因此，2023年修改《行政复议法》时将"具体行政行为"修改为"行政行为"。

行政行为包括法律、法规、规章授权的组织作出的行为。本条细化了作出行政行为的主体范围，明确将法律、法规、规章授权组织作出的行政行为纳入本法的调整范围。应当从以下几个方面理解本条所述行政机关及其作出的行政行为：一是行政机关作出的行政行为，包括法律、法规、规章授权的组织作出的行政行为。二是规章授权社会组织行使行政管理权，受其他法律的限制。例如，《行政处罚法》第19条规定，法律、法规授权的具有管理公共事务职能的组织可以在法定授权范围内实施行政处罚。三是行政机关工作人员履行职务的行为就是行政机关的行为。行政机关工作人员履行职务以外的行为属于个人行为，如果该行为侵犯了公民、法人或者其他组织的合法权益，属于民事侵权，不属于本法的调整范围。四是行政机关的内设机构、派出机构或者办事机构非经法律特别授权，不能以自己的名义作出行政行为。其所作行政行为，属于无效行政行为，引起行政争议的，以其所在行政机关作为被申请人。

关联法规

《行政诉讼法》第2条；《行政处罚法》第19条

第三条　【党的领导与复议原则】行政复议工作坚持中国共产党的领导。

行政复议机关履行行政复议职责，应当遵循合法、公正、公开、高效、便民、为民的原则，坚持有错必纠，保障法律、法规的正确实施。

条文注释

本条是关于行政复议工作坚持党的领导和复议原则的规定。

党的领导是社会主义法治建设最根本的保证，把党的领导贯彻到全面依法治国的全过程和各方面，是法治建设的一条基本经验。坚持党的领导是将党中央关于行政复议体制改革的各项要求全面、完整、准确体现到法律规定中，使党的主张通过法定程序成为国家意志。习近平法治思想、习近平总书记关于法治政府建设特别是行政复议体制改革的重要论述，以及中央全面依法治国委员会审议通过的《行政复议体制改革方案》等文件，是《行政复议法》实施的根本遵循，把党中央确定的重大改革决策在修法施法过程中不折不扣地予以落实。

相较于2017年《行政复议法》，2023年修改的《行政复议法》对于行政复议机关的履职原则增加了"高效、为民"的要求。合法原则，是指行政机关必须按照法律规定进行复议，行政复议机关在处理行政复议案件时必须以事实为根据，以法律为准绳，这是任何行政复议机关履行职责时都要遵守的原则；公正原则是一项重要的法律原则，是指行政机关在行政复议过程中不得偏袒，要求行政复议机关及其工作人员做到没有偏私；公开原则是行政法合理性原则的核心内容，是指在行政复议过程中应当保证申请人的权利通过公开原则的贯彻得到实际保障，典型的公开是听取申请人的陈述和申辩，以公开督促行政复议机关秉公办事；高效原则，是指行政复议机关必须在法律规定的时效内完成复议；便民原则，是指行政复议必须以民众的便利为优先，不能以行政机关的便利为优先，而应该为申请人节省费用、时间、精力；为民原则，是指树立以人为本的复议信念，多措并举为民众办实事、解难题。

关联法规

《宪法》；《公务员法》第1条；《人力资源社会保障行政复议办法》第3条

第四条 【复议机关及复议机构】县级以上各级人民政府以及其他依照本法履行行政复议职责的行政机关是行政复议机关。

行政复议机关办理行政复议事项的机构是行政复议机构。行政复议机构同时组织办理行政复议机关的行政应诉事项。

行政复议机关应当加强行政复议工作，支持和保障行政复议机构依法履行职责。上级行政复议机构对下级行政复议机构的行政复议工作进行指导、监督。

国务院行政复议机构可以发布行政复议指导性案例。

条文注释

本条是关于行政复议机关及复议机构的规定。

行政复议机关，是指依照法律规定，有权受理复议申请，依法对被申请的行政行为进行审查并作出决定的行政机关。具体特点：一是行政复议机关一般是行政机关；二是有权行使行政复议权；三是能以自己名义行使复议权，并对行为后果独立承担法律责任。2023年修改《行政复议法》时明确规定，行政复议工作由县级以上各级人民政府以及其他依照本法履行行政复议职责的行政机关进行。

行政复议机构，是指具有复议权的行政复议机关内部设立的具体负责案件的受理、审查和决定工作的办事机构、法治工作机构。行政复议机关支持和保障行政复议机构履行职责，行政复议机构可以接受行政复议申请，审查复议申请，向有关组织和人员调查取证，查阅文件和资料。但其不具有法人资格，没有作出复议决定的职权。行政复议机构不是一种外部行政管理机关，引起的法律责任由行政复议机关对外承受。同时，上级行政复议机构不能对下级行政复议机构行使领导权，而只能在业务工作上进行指导、监督。本条还借鉴了司法机关的指导性案例制度，规定国务院行政复议机构可以发布行政复议指导性案例，为行政复议机构办理案件提供指引，统一法律适用标准和办案尺度，规范行政复议人员的行为。

关联法规

《自然资源行政复议规定》第4条；《公安机关办理行政复议案件程序规定》第3条；《人力资源社会保障行政复议办法》第4条

第五条 【调解】行政复议机关办理行政复议案件,可以进行调解。

调解应当遵循合法、自愿的原则,不得损害国家利益、社会公共利益和他人合法权益,不得违反法律、法规的强制性规定。

条文注释

本条是关于行政复议可以进行调解以及调解原则的规定。

为发挥调解在行政复议中的作用,2023年修改《行政复议法》时将2017年《行政复议法》中关于调解的内容规定在总则部分,明确调解向前延伸至行政复议案件审理前,相应将"审理"行政案件的方式表述为"办理"行政案件。表明调解贯彻于从受理到审理的全过程,有利于行政复议机关及其工作人员正确把握立法目的,实质化解行政争议。

如果当事人对行政机关作出的行政行为不服而申请行政复议,行政复议机关可以按照自愿、合法的原则进行调解。这可以从四个方面加以理解:第一,时间要素。调解发生在行政复议案件办理全过程中,是行政复议机关处理行政复议案件的重要条件之一。第二,主体要素。行政复议调解的主体包括行政复议机关和行政复议双方当事人。行政复议案件基于复杂的法律利害关系而具有多方面的参与人和利害相关人,但作为行政复议调解的主体,除了行政复议机关以外一般只包括行政机关和申请人。第三,对象要素。行政复议调解是针对行政争议标的进行的。当事人双方争议的标的是行政行为,调解也只能针对此行为进行。第四,目的要素。调解的目的是使双方当事人达成合意。在这一点上,行政复议调解与行政诉讼调解或民事诉讼调解无本质区别。这要求必须有当事人的真实意思表示,即出于自愿达成合法协议。

关联法规

《人民调解法》第3条;《行政诉讼法》第60条;《行政复议法实施条例》第50条

第六条 【队伍建设】国家建立专业化、职业化行政复议人员队伍。

行政复议机构中初次从事行政复议工作的人员，应当通过国家统一法律职业资格考试取得法律职业资格，并参加统一职前培训。

国务院行政复议机构应当会同有关部门制定行政复议人员工作规范，加强对行政复议人员的业务考核和管理。

条文注释

本条是关于行政复议队伍建设的规定。

行政复议是一项复杂且专业的工作，涉及多个领域的专业知识。推进行政复议制度改革，重视复议人才队伍建设，形成一个稳定、可持续、专业的队伍群体，行政复议便存在良好的人才队伍支撑，有利于更好发挥行政复议制度的功能。通过加强行政复议队伍专业化、职业化建设，健全行政复议人员工作规范，重视行政复议人员的考核和管理，提高行政复议队伍的业务能力，从而促进行政复议办案质量不断提高。

本条明确规定，初次从事行政复议工作的人员应当取得法律职业资格。这与《行政处罚法》中对法制审核人员的资格要求是一致的。随着法治政府建设纵深发展，行政复议工作对行政复议人员的法治能力提出了更高的要求。如果没有取得法律职业资格，且不是初次从事行政复议工作的人员，其所办理行政复议案件的合法性将受到质疑。

关联法规

《行政处罚法》第 58 条；《国家统一法律职业资格考试实施办法》；《行政复议法实施条例》第 4 条

第七条 【保障机制】行政复议机关应当确保行政复议机构的人员配备与所承担的工作任务相适应，提高行政复议人员专业素质，根据工作需要保障办案场所、装备等设施。县级以上各级人民政府应当将行政复议工作经费列入本级预算。

条文注释

本条是关于行政复议保障机制的规定。

法定的行政复议机关，是法律授权代表各级人民政府统一行使行政复议权的组织，其人员编制、经费来源、物资理应得到有效保障。加大行政复议保障力度，完善硬件设施，高标准建设功能齐全、设施完善的行政复议接待室、听证室、档案室、多功能室等办案场所，能够为开展行政复议工作提供有效保障。确保行政复议机关的人员配备与所承担的工作任务相适应，能够有效提高行政复议队伍的业务能力。办理行政复议有错必纠，是行政复议机关应尽的一项责任，所需的经费理应在本机关正常的行政经费中列支，经费由政府财政予以保障。因此，本条规定县级以上各级人民政府应将行政复议工作经费列入本级预算，以加强行政复议能力建设和工作保障。

关联法规

《预算法》第4条

第八条 【信息化建设】行政复议机关应当加强信息化建设，运用现代信息技术，方便公民、法人或者其他组织申请、参加行政复议，提高工作质量和效率。

条文注释

本条是关于行政复议信息化建设的规定。

在建立健全规范、严格的办案流程，确保办案公平公正的基础上，加强行政复议信息化和规范化建设颇为重要。行政复议信息化建设作为“智慧法治”信息化体系建设的重要组成部分，除了行政复议机关，包括人民法院、人民检察院在内的各级党政机关都在加强信息化建设。行政复议机关运用互联网平台办案，实现案件办理线上线下全覆盖，发挥行政复议信息化工作网上办案、信息共享、统计分析、案卷管理等方面的作用，从而带动行政复议规范化、专业化工作高质量发展，顺应行政复议体制改革的要求。行政复议机关充分利用大数据、人工智能等信息化技术，提供网上复议申请，案件全流程办理，全过程数据分析，从而实现复议便民化、办案智能化、决策数据化。通过信息互联互通共享，提升信息化的整体水平。打造协调顺畅的线上线下一体化行政复议体系，提升行政复议工作信息化水平，实现对行政复议活动的即时性、程序性、系统性管理。

关联法规

《人民法院组织法》第58条；《人民检察院组织法》第52条；《自然资源行政复议规定》第8条；《住房城乡建设行政复议办法》第43条

第九条　【表彰激励】对在行政复议工作中做出显著成绩的单位和个人，按照国家有关规定给予表彰和奖励。

条文注释

本条是关于行政复议表彰和激励的规定。

为调动行政复议机关及其工作人员的积极性和创造性，防止和纠正消极懈怠行为，以保证行政复议工作利进行，推动行政复议高质高效开展，应对工作成绩突出的单位和个人予以激励。对单位和个人的激励措施，是行政复议的一种管理机制，一种树立榜样、激励工作的方式，其有效实施将为行政复议带来更大的“绩效”提升。相关主管部门应定期总结行政复议工作，依照有关规定给予表彰和奖励。行政复议表彰奖励工作应遵循以下主要原则：(1)体现先进性、代表性和时代性；(2)面向基层、面向工作一线；(3)精神奖励与物质奖励相结合；(4)公开、公平、公正。

关联法规

《公务员法》第52条；《行政复议法实施条例》第61条

第十条　【提起诉讼】公民、法人或者其他组织对行政复议决定不服的，可以依照《中华人民共和国行政诉讼法》的规定向人民法院提起行政诉讼，但是法律规定行政复议决定为最终裁决的除外。

条文注释

本条是关于对行政复议决定不服向人民法院提起行政诉讼的规定。

行政复议是一种行政行为，尽管其具有行政救济的性质，但仍然是在行政机关系统内运作。从监督角度来看，对行政复议决定行为应当有司法救济途径。为保证《行政复议法》确立的宗旨得以实现，切实保障公民、法人或者其他组织的合法权益不受侵害，本条规定，除法律规定行政复议决定为最终裁决的以外，公民、法人或者其他组织对行政复议决定不服的，有权依法向人民法院提起行政诉讼，完善了法治社会所必备的法律救济制度。

为最终裁决的行政复议决定，是指公民、法人或者其他组织申请复议后，行政复议机关的决定为最终决定，公民、法人或者其他组织既不能再申请复议，也不能再提起诉讼。终局行政行为，是指依照法律规定行政机关拥有最终行政裁决权的行政行为。其具有两个特点：一是该决定体现着行政机关拥有最终行政裁决权。即终局行政行为一经作出，便具有最终法律效力，如果公民、法人或者其他组织对这种行政行为不服，不能提起行政诉讼，不能求得司法救济。二是该决定的最终行政裁决权须由法律明文授权。这里所说的法律，是指全国人民代表大会及其常务委员会制定的法律，不包括行政法规和地方性法规，更不包括行政规章。尽管法律规定某些行政复议机关享有最终裁决权，但从法律制度上说，作为最终裁决的行政复议决定毕竟是特殊和个别的情况，这是由行政行为必须受到监督制约的法治原则所决定的。

关联法规

《行政诉讼法》第2、13条；《出口管制法》第41条；《土地估价机构管理暂行规定》第15条

第二章 行政复议申请

第一节 行政复议范围

第十一条 【复议范围】有下列情形之一的,公民、法人或者其他组织可以依照本法申请行政复议:

(一)对行政机关作出的行政处罚决定不服;

(二)对行政机关作出的行政强制措施、行政强制执行决定不服;

(三)申请行政许可,行政机关拒绝或者在法定期限内不予答复,或者对行政机关作出的有关行政许可的其他决定不服;

(四)对行政机关作出的确认自然资源的所有权或者使用权的决定不服;

(五)对行政机关作出的征收征用决定及其补偿决定不服;

(六)对行政机关作出的赔偿决定或者不予赔偿决定不服;

(七)对行政机关作出的不予受理工伤认定申请的决定或者工伤认定结论不服;

(八)认为行政机关侵犯其经营自主权或者农村土地承包经营权、农村土地经营权;

(九)认为行政机关滥用行政权力排除或者限制竞争;

(十)认为行政机关违法集资、摊派费用或者违法要求履行其他义务;

(十一)申请行政机关履行保护人身权利、财产权利、受教育权利等合法权益的法定职责,行政机关拒绝履行、未依法履行或者不予答复;

（十二）申请行政机关依法给付抚恤金、社会保险待遇或者最低生活保障等社会保障，行政机关没有依法给付；

（十三）认为行政机关不依法订立、不依法履行、未按照约定履行或者违法变更、解除政府特许经营协议、土地房屋征收补偿协议等行政协议；

（十四）认为行政机关在政府信息公开工作中侵犯其合法权益；

（十五）认为行政机关的其他行政行为侵犯其合法权益。

条文注释

本条是关于可以申请行政复议的行政行为范围的规定。

行政复议范围，对公民、法人或者其他组织来说，是申请行政复议的范围；对行政复议机关来说，是受理行政复议案件的范围。2023年修改《行政复议法》时进一步扩大了行政复议范围，完善了行政复议范围的有关规定，充分发挥化解行政争议的主渠道作用。本条将受案范围增设至15项，新增情形包括：行政机关滥用行政权力排除或限制竞争的，行政机关不依法订立、不依法履行、未按照约定履行或者违法变更、解除行政协议的，行政机关在政府信息公开中侵犯申请人合法权益的，行政机关作出不予受理工伤认定申请的决定或者工伤认定等情形。

行政行为，是指行政机关针对特定公民、法人或者其他组织作出的影响其权益的决定或者措施的行为。对下列行政行为不服的，可以申请行政复议：

1. 行政处罚

行政处罚，是指行政机关依法对违反行政管理秩序的公民、法人或者其他组织，以减损权益或者增加义务的方式予以惩戒的行为。《行政处罚法》对行政处罚的种类和程序作了规定，相关法律、法规和规章对行政处罚也有实体规定。本条第1项概括性规定了《行政处罚法》规定的所有种类，对行政机关作出的行政处罚决定不服的，都可以申请行政复议。

2. 行政强制措施和行政强制执行

本条第2项既列举了行政强制措施的方式，又列举了行政强制执行的方式。行政强制措施，是指行政机关为了预防或者制止违法行为，对公民、法人或者其他组织的人身或财产采取的强制约束的行政行为。行政强制措施可以分为对人身的强制措施和对财产的强制措施两种。行政强制执行，是指公民、法人或者其他组织不履行行政义务时，行政机关依法强制其履行，或使之达到与履行义务相同状态的行为。行政强制执行措施有直接强制和间接强制两种。直接强制包括对物的强制如强制划拨、强制收缴、强制拆除、强制销毁、强制收兑等，以及对人的强制如强制拘留、驱逐出境等。间接强制包括代执行和执行罚。代执行，是指义务人不履行义务时，行政机关请第三人代为执行，费用由义务人承担的执行方式；执行罚，是指义务人不及时履行而他人又不能代为履行义务时，行政机关为促使其履行而采用的处以新的金钱给付义务的强制执行方式。

3. 行政许可

行政许可，是指行政机关根据公民、法人或者其他组织的申请，经依法审查，准予其从事特定活动的行为。公民、法人或者其他组织申请行政许可，行政机关拒绝或者法定期限内不予答复，或者对行政机关作出的有关行政许可决定不服的，可以申请行政复议。

4. 行政确权

根据《宪法》规定，矿藏、水流、森林、山岭、草原、荒地、滩涂等自然资源，都属于国家所有；由法律规定属于集体所有的森林和山岭、草原、荒地、滩涂除外。城市的土地属于国家所有；农村和城市郊区的土地除法律规定属于国家所有的以外，属于集体所有。对于自然资源，公民、法人或者其他组织可以依法取得使用权。对行政机关作出的确认自然资源的所有权或者使用权的决定不服的，可以申请行政复议。

5. 行政征收、征用决定及其补偿决定

本条第5项所称征收学理上称为行政征收，是行政机关为了公共利益的需要，依法将公民、法人或者其他组织的财物收归国有的行政行为。如为了公共设施、基础设施建设需要,政府征收农村集体土地和城乡居民房屋。本条第 5 项所称征用学理上称为行政征用,是行政机关为了公共利益的需要,依法强制使用公民、法人或者其他组织财物或者劳务的行政行为。根据法律规定,无论是征收还是征用,都应当依法给予权利人相应补偿。公民、法人和其他组织对征收、征用决定不服,或者对补偿决定不服,有权申请行政复议。

6. 行政赔偿决定

行政赔偿是行政机关侵犯公民、法人或者其他组织合法权益时,对该主体给予的补偿,行政赔偿由受害人向侵权行政机关提出。行政机关及其工作人员行使职权侵犯合法权益的情形,造成损害的,受害人有依照本法申请行政复议。

7. 行政机关作出不予受理工伤认定申请的决定或者工伤认定结论

为更好地发挥行政复议解决行政争议的功能,本法在 2023 年修订时进一步扩大行政复议范围,将行政机关作出的不予受理工伤认定申请决定、工伤认定结论纳入行政复议范围。根据《工伤保险条例》第 55 条的规定,有下列情形之一的,有关单位或者个人可以依法申请行政复议,也可以依法向人民法院提起行政诉讼:(1)申请工伤认定的职工或者其近亲属、该职工所在单位对工伤认定申请不予受理的决定不服的;(2)申请工伤认定的职工或者其近亲属、该职工所在单位对工伤认定结论不服的;(3)用人单位对经办机构确定的单位缴费费率不服的;(4)签订服务协议的医疗机构、辅助器具配置机构认为经办机构未履行有关协议或者规定的;(5)工伤职工或者其近亲属对经办机构核定的工伤保险待遇有异议的。另外,根据《工伤认定办法》第 23 条的规定,职工或者其近亲属、用人单位对不予受理决定不服或者对工伤认定决定不服的,可以依法申请行政复议。综上,社会保险行政机关作出的不予受理工伤认定申请决定、工伤认定结论属于行政行为,当事人如果不服的,可以提起行政复议。

8. 行政机关侵犯经营自主权或者农村土地承包经营权、农村土地经营权

经营自主权,是指企业、个体经营者等依法享有的调配使用自

己的人力、物力、财力，自主组织生产经营活动的权利。各类市场主体享有广泛的经营自主权，除法律、法规对投资领域、商品价格等有明确限制外，行政机关不得干预其生产经营，如果受到干预，市场主体可以申请行政复议。农村土地承包经营权，是指农村集体经济组织的成员或者其他承包经营人依法对其承包的土地享有的自主经营流转、收益的权利。农村土地承包经营一般采取承包合同的方式约定双方的权利义务，作为发包方的农村集体经营组织与作为承包方的农户或者其他经营人之间发生的纠纷，是民事争议，可以申请仲裁或者提起民事诉讼。如果乡镇政府或者县级以上地方农村部门等干涉农村土地承包，变更、解除承包合同，或者强迫、阻碍承包方进行土地承包经营权流转，可以申请行政复议。农村土地经营权是从农村土地承包经营权中分离出的一项权能，承包农户将其承包土地流转出去，由其他组织或者个人经营，其他组织或者个人取得土地经营权。随着农村土地承包经营权流转改革的推进，行政机关侵犯农村土地经营权的行为也应当纳入行政复议范围。因此，2023 年修改《行政复议法》时增加了这项内容。

9. 行政机关滥用行政权力排除或者限制竞争

公平竞争权是市场主体依法享有的在公平环境中竞争，以实现其经济利益的权利。《反垄断法》对滥用行政权力排除、限制竞争的行为作了规定。如行政机关不得滥用行政权力，限定或者变相限定单位或者个人经营、购买、使用其指定的经营者提供的商品；不得滥用行政权力，妨碍商品在地区之间的自由流通。《反垄断法》还规定，行政机关不得滥用行政权力，限定或变相限定单位或个人购买其指定的经营者的商品；不得滥用行政权力，限制外地商品进入本地市场，或者本地商品运出；等等。行政机关违反上述规定，经营者可以申请行政复议。

10. 行政机关违法要求履行义务

行政机关向企业、个人乱集资、乱摊派、乱收费被称为“三乱”。“三乱”干扰了国家正常的财政税收制度，加重了企业和群众负担，损害了政府形象。“三乱”问题曾经非常严重，随着国家法治的健全和行政机关依法行政意识的提高，“三乱”问题得到有效遏制，但仍未完全绝迹。因此，需要通过复议途径保护公民、法人或者其他组织的合法权益。《行政复议法》将违法集资、摊派费用等纳入行政复议范围，旨在制止“三乱”行为，保护公民、法人或者其他组织的合法权益。另外，这里的“违法要求履行其他义务”，是指违法要求承担“三乱”以外的其他财产或劳务负担。

11. 行政机关不履行法定职责

人身权利、财产权利、受教育权利等合法权益是公民的基本权利，法律、法规将保护公民的基本权利明确为行政机关的法定职责，公民的人身权利、财产权利、受教育权利等合法权益受到侵害时，如果行政机关拒绝履行、未依法履行或者不予答复，都属于行政不作为，公民可以申请复议，要求行政机关履行职责。人身权利，是指没有直接经济内容，与公民人身相关的权利，包括人格权和身份权。其中人格权包括姓名权、名誉权、荣誉权、肖像权等。财产权利，是指有一定物质内容，直接体现为经济利益的权利，主要包括所有权及其他物权、债权和知识产权等。受教育权利，是指公民达到一定年龄并具备可以接受教育的智力时，通过学校或者其他教育设施和途径学习科学文化知识的权利。本条第11项中的合法权益，主要是人身权利、财产权利、受教育权利，但不限于这三项权利。

12. 行政机关没有给付社会保障

抚恤金，是指公民因公、因病致残或者死亡后，由民政部门发给其本人或者亲属的生活费用。主要包括因公死亡人员遗属的死亡抚恤金和因公致伤、致残者本人的伤残抚恤金。最低生活保障是国家对共同生活的家庭成员人均收入低于当地最低生活保障标准的家庭给予社会救助，以满足低收入家庭维持基本的生活需要的制度。社会保险待遇是公民在年老、疾病、工伤、失业、生育等情况下由国家和社会提供的物质帮助。根据《社会保险法》的规定，社会保险包括基本养老保险、基本医疗保险、工伤保险、失业保险和生育保险。无论是抚恤金、社会保障金，还是最低生活保障费，都是公民生活需要的社会保障，行政机关没有依法发放的，都可以申请行政复议。

13. 行政机关不依法订立、不依法履行、未按照约定履行或者违法变更解除行政协议

行政协议,是指行政机关为了实现行政管理或者公共服务目标,与公民、法人或者其他组织协商订立的具有行政法上权利义务内容的协议。实践中,政府特许经营协议,土地房屋征收补偿协议,矿业权等国有自然资源使用权出让协议,政府投资的保障性住房的租赁、买卖等协议是常见的协议类型。本条第13项规定只解决行政机关一方不履行协议的情况,没有将公民、法人或者其他组织一方不履行协议的情况纳入解决范围,其主要原因:一是这类争议主要是由行政机关一方不依法订立、不依法履行、未按照约定履行或者违法变更、解除行政协议引起的;二是公民、法人或者其他组织一方不履行协议,行政机关一方可以通过其他途径解决。

14. 行政机关在政府信息公开工作中侵犯合法权益

《政府信息公开条例》规定,公民、法人或者其他组织认为行政机关在政府信息公开工作中侵犯其合法权益的,可以向上一级行政机关或者政府信息公开工作主管部门投诉、举报,也可以依法申请行政复议或者提起行政诉讼。实践中,公民、法人或者其他组织认为行政机关在政府信息公开工作中侵犯其合法权益的情形主要有:(1)向行政机关申请获取政府信息,行政机关答复不予公开、无法提供、不予处理或者逾期未作出处理的;(2)认为行政机关提供的政府信息不属于其申请公开的内容的;(3)认为行政机关告知获取政府信息的方式、途径或者时间错误的;(4)认为行政机关主动公开或者依申请公开的政府信息侵犯其商业秘密、个人隐私的;(5)认为行政机关的其他政府信息公开行为侵犯其合法权益的。

15. 其他行政行为

本条前14项规定具体列举了可能侵犯公民权利的行政行为,但未必全面,还可能出现其他侵犯公民权利的行政行为。本条第15项的规定旨在弥补前项列举不全面可能带来的遗漏而作的规定,是一项兜底性规定。这表明,只要公民、法人或者其他组织认为行政机关的行政行为侵犯了其合法权益,都可以依法申请复议。

关联法规

《行政处罚法》第73条;《行政许可法》第7条;《工伤保险条例》第55条

第十二条　【复议范围的排除】下列事项不属于行政复议范围:

(一)国防、外交等国家行为;

(二)行政法规、规章或者行政机关制定、发布的具有普遍约束力的决定、命令等规范性文件;

(三)行政机关对行政机关工作人员的奖惩、任免等决定;

(四)行政机关对民事纠纷作出的调解。

条文注释

本条是关于不属于行政复议范围的规定。

吸收《行政诉讼法》在确立受案范围方面的科学经验,《行政复议法》在第11条正面列举了复议范围后,运用排除法在第12条将某些特殊行为排除在行政复议范围之外。根据本条规定,对行政机关的下列行为不能申请复议:

1. 国防、外交等国家行为

国防行为,是指国家为了防备和抵抗侵略,制止武装颠覆,保卫国家的主权、领土完整和安全所进行的军事活动,如宣战、发布动员令、戒严令、军事演习、设立军事禁区等。外交行为,是指国家之间或者国家与国际组织之间的交往行为,如对外国国家和政府的承认、建交、断交,缔结条约、公约和协定等。国家行为是基于国家主权并且以国家名义实施的行为,带有高度的政治性,不同于一般的行政行为,不适宜由行政复议机关来监督,因而不属于行政复议范围。

2. 行政法规、规章或者行政机关制定、发布的具有普遍约束力的决定、命令

制定行政法规、规章是立法行为,按照《宪法》《立法法》的规定,该行为由全国人民代表大会及其常务委员会和地方同级人民代表

大会及其常务委员会或者国务院监督，不由法院监督。因此，不能对行政法规、规章提起行政诉讼。行政机关制定、发布的具有普遍约束力的决定命令，即学理上所称的抽象行政行为，本法称为规范性文件。实践中大量存在决定、命令，在行政管理中发挥了重要作用。为此，《宪法》和《地方各级人民代表大会和地方各级人民政府组织法》对上述决定、命令的监督权作了规定。如《宪法》规定，国务院有权改变或者撤销各部、各委员会发布的不适当的命令、指示和规章，改变或者撤销地方各级国家行政机关的不适当的决定和命令。因此，不宜对这些规范性文件提起行政复议。

3. 行政机关对行政机关工作人员的奖惩、任免等决定

行政机关对行政机关工作人员的奖惩、任免，属于行政机关内部的人事管理行为，学理上称为内部行政行为，不同于针对行政相对人的外部行政行为，不能提起行政复议。有些公务员是由选举产生的，任免是政治行为，也不能提起行政复议。根据《公务员法》的规定，公务员对处分、辞退或者取消录用，降职，免职，定期考核定为不称职，申请辞职或者提前退休未予批准，未按规定确定或者扣减工资、福利、保险待遇等不服的，可以向原处理机关申请复核；对复核结果不服的，可以向同级公务员主管部门或者作出该人事处理的机关的上一级机关提出申诉；也可以不经复核，直接提出申诉；对省级以下机关作出的申诉处理决定不服的，可以向作出处理决定的上一级机关提出再申诉。对公务员的权利保护，已经提供了其他救济途径。

4. 行政机关对民事纠纷作出的调解

行政机关对公民、法人或者其他组织之间的民事纠纷作出调解的行为不是行政行为，对双方当事人的约束力取决于其自愿接受。因此，一方如不服行政机关对民事纠纷的处理决定，可以另行向法院提起民事诉讼或申请仲裁解决其争议。

关联法规

《公务员法》第95条

第十三条　【规范性文件的附带审查】公民、法人或者其他组织认为行政机关的行政行为所依据的下列规范性文件不合法，在对行政行为申请行政复议时，可以一并向行政复议机关提出对该规范性文件的附带审查申请：

（一）国务院部门的规范性文件；

（二）县级以上地方各级人民政府及其工作部门的规范性文件；

（三）乡、镇人民政府的规范性文件；

（四）法律、法规、规章授权的组织的规范性文件。

前款所列规范性文件不含规章。规章的审查依照法律、行政法规办理。

条文注释

本条是关于行政规范性文件附带审查申请的规定。

本条所称的规范性文件，是指行政机关发布的具有普遍约束力的决定、命令等规范性文件，也就是行政机关的抽象行政行为。根据宪法和有关法律的规定，行政机关有权制定规范性文件。规范性文件作为行政机关行使行政权的一种方式，无论是制定行政法规、规章，还是发布其他具有普遍约束力的决定、命令，对于加强行政管理、完善行政法治和提高行政效率，都是非常必要的。

行政机关制定的规范性文件是对不特定的人或事作出的，如果不适用到具体的人或事，并不能产生现实的危害，如果公民、法人或其他组织认为其违反了法律，可以通过其他途径提出和解决。本条规定能够提出附带审查申请的主体只是受依据该规范性文件作出的行政行为影响的公民、法人或者其他组织。对规范性文件的附带审查申请不能单独提起，必须是在对行政行为提出复议申请时一并提出。也就是说，是在对行政行为申请复议时附带性提出对规范性文件的审查请求。同时，并非对所有的规范性文件都可以提起附带审查申请，只能对规章以下的规范性文件申请审查。

关联法规

《行政诉讼法》第53条;《行政复议法实施条例》第26条

第二节 行政复议参加人

第十四条 【复议申请人】依照本法申请行政复议的公民、法人或者其他组织是申请人。

有权申请行政复议的公民死亡的,其近亲属可以申请行政复议。有权申请行政复议的法人或者其他组织终止的,其权利义务承受人可以申请行政复议。

有权申请行政复议的公民为无民事行为能力人或者限制民事行为能力人的,其法定代理人可以代为申请行政复议。

条文注释

本条是关于行政复议申请人的规定。

行政复议申请人,是指认为行政机关的行政行为侵害其合法权益,以自己名义向行政复议机关提出申请,要求对行政行为审查并依法作出决定的当事人。依照《行政复议法》的规定,申请人应具备以下两个条件:一是认为行政行为侵犯了自己的合法权益,当然这里只是申请人自己认为就可以,事实上这种认为可能有对有错,但不影响其申请行政复议的权利。二是依法向复议机关提出复议申请。

本条对几种特殊情况下的复议申请作出了进一步明确,包括三个方面的内容:一是规定了有权申请行政复议的公民死亡的,其近亲属可以申请行政复议。这里主要解决的是复议申请人资格的继承问题。二是有权申请行政复议的法人或者其他组织终止的,其权利义务承受人可以申请行政复议。对于法人或者其他组织来说,申请行政复议的多是法定代表人,当然其也可以委托代理人提出复议申请,主要解决申请人资格变更问题。此情况大致有两类:一类是有权申请行政复议的法人或者其他组织分立;另一类是有权申请行政复议的法人或者其他组织合并。三是规定了有权申请行政复议的公民为无民事行为能力人或者限制民事行为能力人的，其法定代理人可以代为申请行政复议，主要解决的是有权申请行政复议的公民行为能力欠缺，如何申请行政复议的问题。总之，本条规定是为了使公民、法人或者其他组织申请行政复议的权利得到充分发挥。

适用要点

合伙企业申请行政复议时应以谁为申请人？

合伙企业申请行政复议的，应当以核准登记的企业为申请人，由执行合伙企业事务的合伙人代表该企业参加行政复议；其他合伙企业申请行政复议的，由合伙人共同申请行政复议。上述规定以外的不具备法人资格的其他组织申请行政复议的，由该组织的主要负责人代表该组织参加行政复议；没有主要负责人的，由共同推选的其他成员代表该组织参加复议。

关联法规

《行政复议法实施条例》第5条

第十五条　【复议代表人】同一行政复议案件申请人人数众多的，可以由申请人推选代表人参加行政复议。

代表人参加行政复议的行为对其所代表的申请人发生效力，但是代表人变更行政复议请求、撤回行政复议申请、承认第三人请求的，应当经被代表的申请人同意。

条文注释

本条是关于行政复议代表人的规定。

行政管理实践中，有时一个行政行为涉及相当多的行政相对人，如在农村土地征用、城市房屋拆迁中，往往涉及数百户甚至更多，让所有的人都参加行政复议既不现实，也无必要。为了简化程序，节省时间和人力，对上述情况，可以由当事人推选代表人参加复议活动。推选的代表人必须是当事人之一，不能推选当事人之外的人。因为复议代表人的行为对其代表的当事人发生效力，他们的利益应当一致。行政复议代表人需具有行为能力，具备相适应的能力，且应当善意地履行代表人的职责,不得擅自变更行政复议请求、撤回行政复议申请、承认第三人请求。申请人人数众多,不是一定要推选代表人参加行政复议,不同意推选代表人的,也可以自己参加。

关联法规

《行政复议法实施条例》第8条

第十六条　【复议第三人】申请人以外的同被申请行政复议的行政行为或者行政复议案件处理结果有利害关系的公民、法人或者其他组织,可以作为第三人申请参加行政复议,或者由行政复议机构通知其作为第三人参加行政复议。

第三人不参加行政复议,不影响行政复议案件的审理。

条文注释

本条是关于行政复议第三人的规定。

行政复议第三人,是指与行政复议的行政行为或者案件处理结果有利害关系,为维护自己的合法权益,而参加已经开始的行政复议活动中的公民、法人或者其他组织。

行政复议第三人要具备以下几个条件:第一,同申请行政复议的行政行为有利害关系。这种利害关系可以是直接的,也可以是间接的。也就是说,第三人与行政行为之间存在一定的权利义务关系,此为第三人参加行政复议的根本原因。这种利害关系是独立的,即第三人不依附于申请人,也不依附于被申请人。第二,为了自身利益参加复议。第三人是为了保护自己合法权益而参加行政复议,不同于行政复议程序中的证人、鉴定人、代理人等。第三人参加复议是在复议申请已经受理,复议活动尚未终结的时候。如果行政复议尚未开始,或者已经结束,不会再有第三人的问题。第三,必须经行政复议机关批准。符合前两个条件,要想参加行政复议成为第三人,还要经过行政复议机构的批准,一方面保护第三人的合法权益,另一方面保护复议申请人的合法权益,防止不必要的干扰行政复议活动的情况发生。

第三人参加行政复议的方式有两种:一是申请参加,二是由行政复议机构通知参加。规定允许第三人参加行政复议,是基于以下考量:一是由于第三人与申请复议的行政行为有利害关系,第三人参加有助于对该行政行为进行多角度的审查,有利于行政复议决定的准确;二是相关问题在一个行政复议活动中得以解决,有利于节省人力、物力;三是有利于保障公民、法人或者其他组织的合法权益,维护行政行为的合法合理。无论是申请人、还是第三人,行政复议审查后,其合法权益会受到保护,违法行为会得以纠正。第三人应当积极参加行政复议活动,配合行政复议机关查明案件情况。如果经过通知,其坚持不参加行政复议,应记录在案,不影响案件的审理。参加行政复议是第三人的权利,该权利可以放弃,不能强迫其行使。

关联法规

《行政复议法实施条例》第9条

第十七条 【复议代理人】申请人、第三人可以委托一至二名律师、基层法律服务工作者或者其他代理人代为参加行政复议。

申请人、第三人委托代理人的,应当向行政复议机构提交授权委托书、委托人及被委托人的身份证明文件。授权委托书应当载明委托事项、权限和期限。申请人、第三人变更或者解除代理人权限的,应当书面告知行政复议机构。

条文注释

本条是关于申请人、第三人可以委托代理人代为参加行政复议的规定。

行政复议代理人,是指经申请人、第三人委托,以被代理人的名义维护被代理人的利益而参加行政复议活动的人。行政复议委托代理有三个特征:一是代理权不是根据法律规定而产生的,而是基于申请人、第三人的委托;二是代理权限由申请人、第三人决定;三是申请人、第三人必须向行政复议机构提交授权委托书。如果申请人或者第三人认为有必要,可以委托1~2名律师、基层法律服务工作者或者亲属等其他代理人代为参加，以更好维护自己的合法权益。为规范代理人的委托，2023年修改《行政复议法》时增加了提交身份证明文件及变更或解除代理人权限的相关要求。需要指出的是，《行政复议法》只规定了申请人和第三人可以委托代理人参加行政复议，而没有规定被申请人可以委托代理人，所以被申请人是不可以委托代理人参加行政复议的，如果行政复议机关组织情况调查会，向有关人员了解情况，被申请人必须到场，不可以委托律师等代理人。

关联法规

《民事诉讼法》第62条；《行政复议法实施条例》第10条

第十八条 【法律援助】符合法律援助条件的行政复议申请人申请法律援助的，法律援助机构应当依法为其提供法律援助。

条文注释

本条是关于行政复议法律援助的规定。

法律援助，是指国家建立的为经济困难公民和符合法定条件的其他当事人无偿提供法律咨询、代理等法律服务的制度，是公共法律服务体系的组成部分。根据《法律援助法》的规定，县级以上人民政府应当健全法律援助保障体系，将法律援助相关经费列入本级政府预算，建立动态调整机制，保障法律援助工作需要，促进法律援助均衡发展。在行政复议案件审理过程中，申请人因经济困难等原因没有委托代理人的，可以向法律援助机构申请法律援助。本条明确了符合援助条件的公民在特定行政复议案件中可以获得法律援助服务，充分保障申请人的救济权利。行政复议机关在受理复议申请时，应主动告知符合条件的申请人有申请法律援助的权利。

关联法规

《法律援助法》第4条

第十九条　【被申请人】公民、法人或者其他组织对行政行为不服申请行政复议的，作出行政行为的行政机关或者法律、法规、规章授权的组织是被申请人。

两个以上行政机关以共同的名义作出同一行政行为的，共同作出行政行为的行政机关是被申请人。

行政机关委托的组织作出行政行为的，委托的行政机关是被申请人。

作出行政行为的行政机关被撤销或者职权变更的，继续行使其职权的行政机关是被申请人。

条文注释

本条是关于行政复议被申请人的规定。

行政复议被申请人，是指作出被认为侵犯了公民、法人或者其他组织合法权益的行政行为的行政机关或者法律、法规、规章授权的组织。由于行政管理的复杂性，被申请人在实践中相当复杂。

一是行政机关。这是最主要的被申请人类型。通常情况下，行政复议被申请人应当是作出行政行为的行政机关；另外，被申请人还可能是以共同名义作出行政行为的两个以上行政机关，即作出行政行为的主体不是一个机关，而是两个以上机关。出现这种情况，可能是地方人民政府相关部门组织联合大检查，也可能是依据几个部委联合下发的文件地方多个部门综合执法，还可能是政府部门联合办公等。凡是对两个以上行政机关以共同的名义作出的行政行为不服申请复议的，该两个以上行政机关就成为被申请人。

二是行政机关委托的组织作出行政行为的，委托的行政机关是被申请人。由于受委托的组织不是以自己的名义作出行政行为，不能对受委托作出的行政行为承担法律后果，故而不能作为被申请人。无论是从理论上，还是从《行政许可法》《行政处罚法》等相关规定来看，都要求委托行政机关对受委托的组织的行为进行监督，对行为后果承担法律责任。

三是作出行政行为的机关被撤销或者职权变更的，继续行使其职权的行政机关是被申请人。该规定在理论上被称为被申请人资格的承受。无论作出行政行为的机关是在申请人申请行政复议之前被撤销，还是在复议过程中被撤销，都适用“谁承受、谁负责”的原则。随着政府职能转变，各级政府都面临体制改革问题，政府各部门的撤销重组、个别的分立都时有发生，这种情况带来行政职权的变化，使部分行政机关丧失主体资格，或其资格随着管理职能的转移而转移到其他行政机关。虽然行政机关主体资格变了，但是行政机关作出的行政行为仍客观存在，对外仍然发生法律效力，公民、法人或者其他组织对该行政行为不服，仍有申请复议的权利，被申请人则是承受其职权的行政机关。

关联法规

《行政复议法实施条例》第11、12条

第三节　申请的提出

第二十条　【申请复议的期限】公民、法人或者其他组织认为行政行为侵犯其合法权益的，可以自知道或者应当知道该行政行为之日起六十日内提出行政复议申请；但是法律规定的申请期限超过六十日的除外。

因不可抗力或者其他正当理由耽误法定申请期限的，申请期限自障碍消除之日起继续计算。

行政机关作出行政行为时，未告知公民、法人或者其他组织申请行政复议的权利、行政复议机关和申请期限的，申请期限自公民、法人或者其他组织知道或者应当知道申请行政复议的权利、行政复议机关和申请期限之日起计算，但是自知道或者应当知道行政行为内容之日起最长不得超过一年。

条文注释

本条是关于申请行政复议的期限的规定。

确定申请行政复议的期限的目的是督促公民、法人或者其他组织及时启动权利救济程序，避免行政法律关系长期处于不确定状态。本条将公民、法人或者其他组织直接提起复议的期限维持在60日。综合各方面考量，60日的复议期限，既有利于保护当事人权利的实现，又不至于过分影响行政效率。注意，此处“但是法律规定的申请期限超过六十日的除外”的规定中的“法律”仅限于全国人民代表大会及其常务委员会制定的狭义上的法律。

关于知道或应当知道的理解，一般情况下，行政机关作出行政行为都有相应的文书，如行政处罚决定、行政许可证照等，行政机关完成送达程序就属于知道或者应当知道，因此，特殊情况下需要结合常理和相关证据作出具体认定。作出行政行为包含两个要素：一是作出的主体，二是行政行为的内容。

本条第2款涉及法定期限的继续计算。因不可抗力或者其他正当理由耽误法定申请期限的，申请期限自障碍消除之日起继续计算。所谓不可抗力，是指不能预见、不能避免、不能克服的客观情况，一般情况指自然灾害，在某些情况下也包括战争等社会事件。此处期限是继续计算，而非重新计算。

本条第3款涉及法定期限的延长。在行政机关作出行政行为未告知当事人申请复议的权利及期限时，该如何确定并审查当事人提起复议是否超过申请期限是实务难点。如行政机关未告知公民、法人或者其他组织申请行政复议的权利、行政复议机关和申请期限，仍要求当事人按照60日的期限要求提起复议则对当事人过于苛刻，应坚持有利于保护行政复议申请权的原则，故借鉴了《行政诉讼法》及司法解释有关起诉期限的规定来确定申请复议的期限，即当事人申请行政复议的期限应当自其知道或者应当知道行政行为内容之日起最长不超过1年。其中，1年复议申请期限的起算点为“知道或者应当知道”行政行为内容之日。如果当事人“应当知道”的时点已经确定，自“应当知道”之日起1年内申请复议均符合法律规定。

适用要点

如何计算行政复议申请期限?

(1)当场作出行政行为的,自行政行为作出之日起计算。(2)载明行政行为的法律文书直接送达的,自受送达人签收之日起计算。(3)载明行政行为的法律文书邮寄送达的,自受送达人在邮件签收单上签收之日起计算;没有邮件签收单的,自受送达人在送达回执上签名之日起计算。(4)行政行为依法通过公告形式告知受送达人的,自公告规定期限届满之日起计算。(5)行政机关作出行政行为未告知公民、法人或者其他组织的,事后补充告知的,自该公民、法人或者其他组织收到补充告知之日的通知起计算。(6)被申请人能够证明公民、法人或者其他组织知道行政行为的,自证据材料证明其知道行政行为之日起计算。

关联法规

《行政复议法实施条例》第15条;《公安机关办理行政复议案件程序规定》第23条

第二十一条　【最长复议期限】因不动产提出的行政复议申请自行政行为作出之日起超过二十年,其他行政复议申请自行政行为作出之日起超过五年的,行政复议机关不予受理。

条文注释

本条是关于最长复议期限的规定。

最长复议期限,是指公民、法人或其他组织不知道行政机关作出行政行为内容时申请复议的期限。正常情况下,行政机关作出行政行为,应当告知相对人行政行为的内容,以期得到相对人的配合或者履行。但实践中有不少案件,由于行政机关作出行政行为时没有告知相对人及利害关系人,导致相对人迟迟不知道已作出行政行为。在此情形下,如果相对人无法"知道或者应当知道"便难以开始计算复议期限,会导致行政法律关系无限期地处于不稳定状态。为解决此问题,本条确定了一个最长保护期限,即作出行政行为到某一时间点后,不论相对人是否知道或者应当知道,都不能再提起复议。本条规定的因不动产提起复议的案件自行政行为作出之日起超过20年,其他案件自行政行为作出之日起超过5年提起复议的,行政复议机关不予受理,就是基于此而设定的最长复议期限。此种最长复议期限,也参考了《行政诉讼法》的相关规定。

第二十二条　【复议申请方式】申请人申请行政复议,可以书面申请;书面申请有困难的,也可以口头申请。

书面申请的,可以通过邮寄或者行政复议机关指定的互联网渠道等方式提交行政复议申请书,也可以当面提交行政复议申请书。行政机关通过互联网渠道送达行政行为决定书的,应当同时提供提交行政复议申请书的互联网渠道。

口头申请的,行政复议机关应当当场记录申请人的基本情况、行政复议请求、申请行政复议的主要事实、理由和时间。

申请人对两个以上行政行为不服的,应当分别申请行政复议。

条文注释

本条是关于行政复议申请方式的规定。行政复议申请方式,是公民、法人或者其他组织提出复议要求和表达复议意愿的具体表现形式。

依据本条规定,提出复议申请可以有两种形式:一种是书面形式,即申请人向行政复议机关提出据以请求复议机关启动复议程序的申请文书;另一种是口头形式,即申请人虽不向行政复议机关递交书面申请,但有明确的意思表示申请行政复议。两种申请形式的区别是:前者为要式,后者为非要式。从实践来看,书面申请形式一直是被普遍认可的形式。书面申请的,可以通过邮寄或者行政复议机关指定的互联网渠道等方式提交行政复议申请书,这是2023年修改《行政复议法》时新增加的规定,主要是考虑到快递行业的发展以及互联网技术的发达。采取书面形式有许多优越性:一是能够保证复议申请内容明确具体,使复议的理由和复议的请求清晰明了;二是有利于维护行政复议工作的严肃性;三是有利于行政复议程序的完整,便于行政复议机关依据书面申请对行政行为进行调查,作出行政复议决定。“便民为民”是行政复议的一项制度优势,为此,2023 年修订《行政复议法》强化了便民举措,要求行政机关通过互联网渠道送达行政行为决定的,应向相对人明示后续提出行政复议的互联网渠道。

行政复议申请可以口头提出,2023 年修改《行政复议法》时保留了此种方式。实际生活中,部分百姓不服行政机关的决定,想维护自身权益,但有的人苦于自己不会写书面申请书,只得作罢。基于此,规定相对灵活的形式有利于行政复议工作的开展,更好地监督行政机关依法行使职权,这同立法宗旨也是相一致的。当然,为保证行政复议工作顺利进行,《行政复议法》对口头提出复议申请也规定了明确要求。口头申请的,法律要求行政复议人员必须要有明确的笔录,应当当场记录申请人的基本情况、行政复议请求、申请行政复议的主要事实理由和时间,也就是说,口头申请行政复议,需要申请人对复议申请的主要问题表述清楚。

另外,如果申请人对两个以上行政行为不服,应当分别申请行政复议。这是根据一行为一复议原则确定的。

适用要点

行政复议申请书应当载明哪些事项?

行政复议申请书应当载明下列内容:(1)申请人的姓名、性别、年龄、职业、住址等(法人或者其他组织的名称、地址、法定代表人的姓名);(2)被申请人的名称、地址;(3)申请复议的要求和理由;(4)提出复议申请的日期;(5)申请人的签名或者盖章。以上这 5 项都是复议申请书的必备内容,其中最核心的是第 3 项内容。

关于申请复议的要求,必须写明对哪个被申请人的何种行政行为不服,同时明确复议请求:包括对被申请人错误的决定要求撤销或者变更,对被申请人应当作为而不作为的要求必须尽快作为,给申请人造成损害的要求依法赔偿等。关于申请复议的理由,必须写明被申请人作出行政行为的事实情况和依据;申请人认为被申请人作出行政行为的错误在于认定事实不准确或者法律依据不合理的，同时要从事实和法律的角度加以论证；对于依据哪个法律规定申请行政复议也必须明确，并对其他准备提交的材料加以注明。

关联法规

《公安机关办理行政复议案件程序规定》第17条；《行政复议法实施条例》第10条

第二十三条 【复议前置】有下列情形之一的，申请人应当先向行政复议机关申请行政复议，对行政复议决定不服的，可以再依法向人民法院提起行政诉讼：

（一）对当场作出的行政处罚决定不服；

（二）对行政机关作出的侵犯其已经依法取得的自然资源的所有权或者使用权的决定不服；

（三）认为行政机关存在本法第十一条规定的未履行法定职责情形；

（四）申请政府信息公开，行政机关不予公开；

（五）法律、行政法规规定应当先向行政复议机关申请行政复议的其他情形。

对前款规定的情形，行政机关在作出行政行为时应当告知公民、法人或者其他组织先向行政复议机关申请行政复议。

条文注释

本条是关于行政复议前置的规定。

复议前置，也称为先行处理原则，是指公民、法人或者其他组织对行政机关作出的特定行政行为不服，在寻求法律救济途径时，应先选择向行政复议机关申请复议，而不能直接向人民法院提起行政诉讼；如果经过复议，行政相对人对复议决定仍然不服，才可以提起行政诉讼。如果法律、法规明确规定必须先复议，然后才能起诉，那么行政复议便成为行政诉讼的前置阶段，行政复议成为行政诉讼前的一个必经程序。这样的好处是：(1)可以使行政机关充分行使行政管理权;(2)行政机关对该案所涉及的内容及法律规定比较熟悉,处理起来简便、迅速;(3)使相当一部分的行政纠纷化解在行政机关内,减少行政案件对法院的压力。

行政复议前置理论的基础是穷尽行政救济原则。当事人就部分争议在寻求救济时,首先必须利用行政内部存在的、最近的和简便的救济手段,然后才能请求法院救济。2023年修改《行政复议法》时经过权衡,扩大了复议前置范围,将对当场作出的行政处罚决定不服,对行政机关作出的侵犯其已经依法取得的自然资源的所有权或者使用权的决定不服,认为行政机关存在《行政复议法》第11条规定的未履行法定职责情形、申请政府信息公开而行政机关不予公开等作为复议前置的内容。与此同时,将行政复议前置其他情形的设定权限由“法律、法规”修改为“法律、行政法规”,若法律、行政法规未规定行政复议为提起行政诉讼必经程序,公民、法人或者其他组织既提起诉讼又申请行政复议的,由先受理的机关管辖;同时受理的,由公民、法人或者其他组织选择。公民、法人或者其他组织已经申请行政复议,在法定期间内又向人民法院提起诉讼的,人民法院不予受理。

设立较大范围的行政复议前置程序主要出于以下考虑:首先,复议前置有利于行政机关上下级之间监督,一旦下级行政机关与管理相对人发生纠纷,由上级行政机关先行处理,不仅可以及时了解本系统或本地区的工作情况,而且还可以及时发现和纠正错误,强化行政机关的内部监督机制。其次,法律规定的行政复议前置案件,专业性强,涉及面广,处理解决案件需要专门知识,确立复议前置原则,便于查明事实,分清是非。再次,法律规定复议前置案件数量多,复杂程度不一,确立先行处理原则,大量的案件解决于行政复议程序之中,减轻司法审判的压力,使法院可以集中精力审理经过复议仍解决不了的行政争议案件。最后,与直接提起行政诉讼相比,较短的复议期限、简易的复议程序,申请人通过行政复议来解决行政争议时可以节约救济成本。因此,行政案件设定行政复议前置,旨在减少申请人的诉累,提高行政工作效率,节省行政资源,确保司法公正与效率。面对行政争议解决,应当注意复议前置的特殊情况,准确选择相应救济方式。

关联法规

《行政诉讼法》第44条

第四节 行政复议管辖

第二十四条 【县级以上地方各级人民政府的复议管辖范围】县级以上地方各级人民政府管辖下列行政复议案件:

(一)对本级人民政府工作部门作出的行政行为不服的;

(二)对下一级人民政府作出的行政行为不服的;

(三)对本级人民政府依法设立的派出机关作出的行政行为不服的;

(四)对本级人民政府或者其工作部门管理的法律、法规、规章授权的组织作出的行政行为不服的。

除前款规定外,省、自治区、直辖市人民政府同时管辖对本机关作出的行政行为不服的行政复议案件。

省、自治区人民政府依法设立的派出机关参照设区的市级人民政府的职责权限,管辖相关行政复议案件。

对县级以上地方各级人民政府工作部门依法设立的派出机构依照法律、法规、规章规定,以派出机构的名义作出的行政行为不服的行政复议案件,由本级人民政府管辖;其中,对直辖市、设区的市人民政府工作部门按照行政区划设立的派出机构作出的行政行为不服的,也可以由其所在地的人民政府管辖。

条文注释

本条是关于县级以上地方各级人民政府复议管辖范围的规定。

本次修法取消了地方人民政府工作部门的行政复议管辖职责。

管辖的意义在于，解决某个行政复议案件由哪一级行政复议机关行使复议权。对公民、法人或者其他组织来说，意味着对某个行政行为不服可以依法向哪个行政机关申请复议。

本条首先明确了对本级政府部门及下一级人民政府作出的行政行为不服的复议管辖。县级以上地方各级人民政府与政府工作部门有领导关系，所以其有权对本级人民政府工作部门作出的行政行为进行审查。《地方各级人民代表大会和地方各级人民政府组织法》第73条对县级以上地方各级人民政府行使的职权作了规定，地方各级人民政府在行政管理方面主要是宏观管理，由其实施的行政行为较之由政府工作部门实施的行政行为要少。县级以上地方各级人民政府，有权管辖下一级人民政府作出的行政行为。

其次，县级以上地方各级人民政府管辖本级人民政府依法设立的派出机关作出的行政行为。所谓派出机关，是指由县级以上地方人民政府经有权机关批准，在特定行政区划内设立的行使相当于一级人民政府管理职权的行政机关。目前主要有三类：一是省、自治区人民政府经国务院批准设立的行政公署；二是县、自治县人民政府经省、自治区、直辖市人民政府批准设立的区公所；三是市辖区、不设区的市人民政府经上一级政府批准设立的街道办事处。

所谓派出机构，是指政府或政府职能部门在一定区域或组织内设立、授权实施某方面行政管理职能的代表机构。

再次，县级以上地方各级人民政府审查本级人民政府或者其工作部门管理的法律、法规、规章授权的组织作出的行政行为。对此类派出机构作出比较明确的规定，优化行政复议管辖体制。

本条还明确规定了省、自治区人民政府依法设立的派出机关，参照设区的市级人民政府的职责权限管辖行政复议案件。《地方各级人民代表大会和地方各级人民政府组织法》明确规定："省、自治区的人民政府在必要的时候，经国务院批准，可以设立若干派出机关。"这些派出机关在省、自治区的范围设立，受省、自治区人民政府的委托，指导下级国家行政机关工作并负责办理各项事宜，其不是一级独立的国家机关，受其派出机关领导，同时又代表其派出机关指导和管理下级行政机关完成行政管理任务。正因为特殊的行政管理体制，所以对于这类组织的复议管辖作出了特别规定，即行政管理相对人对由省、自治区的派出机关指导和管理下的县级人民政府作出行政行为不服的，应当向派出机关提出行政复议申请。这样规定符合当前行政管理实际，也契合了行政复议的便民为民理念。

最后，针对县级以上地方各级人民政府工作部门所设立的派出机构，其以自身名义作出的行政行为，公民、法人或者其他组织不服的案件由本级政府管辖。同时，考虑到很多派出机构往往是以行政区划来设立，本条还规定，对直辖市、设区的市人民政府工作部门按行政区划设立的派出机构所作出的行政行为不服，也可以由该行政区划内的人民政府管辖。

总体来说，关于管辖的最主要变化，是申请人对县级以上地方各级人民政府工作部门及其派出机构、授权组织等作出的行政行为不服的，2017年《行政复议法》是选择向本级人民政府申请行政复议或者上一级主管部门申请行政复议，2023年修订后的《行政复议法》是统一向本级人民政府申请行政复议。

适用要点

(1)对开发区管理委员会及其所属部门的行政行为不服，应以谁为被申请人，向谁提出复议申请？

地方人民政府未经有权机关批准设立的开发区并自行组建开发区管理委员会及其所属部门的，公民、法人或者其他组织对该开发区管委会及其所属部门的行政行为不服，可以设立该开发区管委会的地方人民政府为被申请人，依法向上一级人民政府提出行政复议申请。

(2)派出机关与派出机构有何区别？

派出机关一般是一级政府的分支机构，如区公所、行政公署、街道办事处，一般无须特别授权就可以成为行政主体；而派出机构是政府部门派出的分支机构，如派出所、市场监管所等，对于法律授权的事项来说是行政主体，超出授权范围则不具有承担责任的行政主体资格。

关联法规

《税务行政复议规则》第15条;《地方各级人民代表大会和地方各级人民政府组织法》第73条

第二十五条 【国务院部门的复议管辖范围】 国务院部门管辖下列行政复议案件:

(一)对本部门作出的行政行为不服的;

(二)对本部门依法设立的派出机构依照法律、行政法规、部门规章规定,以派出机构的名义作出的行政行为不服的;

(三)对本部门管理的法律、行政法规、部门规章授权的组织作出的行政行为不服的。

条文注释

本条是关于国务院部门的复议管辖范围的规定。

对国务院本部门的行政行为不服的,按照向上一级行政机关申请的规则,理应向国务院申请行政复议。但是,考虑到国务院是最高国家行政机关,其主要职责之一是制定方针政策,从全局上处理行政事务,一般不宜处理大量的行政复议事务。如果规定国务院也要受理复议申请,可能不胜其烦,影响国务院的正常工作。因此,本条规定,对本部门作出的行政行为不服的,由国务院部门管辖。为发挥行政复议层级监督的性质,对于本部门依法设立的派出机构以及本部门管理的法律、行政法规、部门规章授权的组织作出的行政行为,国务院部门有管辖权。

适用要点

(1)对国务院部委管理的国家局作出的行政行为不服的,应向谁提出行政复议申请?

对国务院部委管理的国家局作出的行政行为不服,提起行政复议申请的,应当由该国家局受理。

(2)对两个以上国务院部委共同作出的行政行为不服的,应向谁提出行政复议申请?

申请人对两个以上国务院部委共同作出的行政行为不服的，可以向任何一个国务院部门提出行政复议申请，由作出行政行为的国务院部门共同作出行政复议决定。

关联法规

《行政复议法实施条例》第23条；《国务院法制办关于国务院部委管理的国家局的具体行政行为行政复议机关问题的复函》

第二十六条　【对省部级机关作出的行政复议决定不服的救济途径】对省、自治区、直辖市人民政府依照本法第二十四条第二款的规定、国务院部门依照本法第二十五条第一项的规定作出的行政复议决定不服的，可以向人民法院提起行政诉讼；也可以向国务院申请裁决，国务院依照本法的规定作出最终裁决。

条文注释

本条是关于对省部级机关作出的行政复议决定不服的救济途径的规定。

本条明确规定了两步走的规则，即对国务院部门或者省、自治区、直辖市人民政府的行政行为不服的，先向作出该行政行为的国务院部门或者省、自治区、直辖市人民政府申请行政复议；对行政复议决定不服的，可以向人民法院提起诉讼，也可以向国务院申请裁决，国务院作出的行政裁决为终局决定。这里规定了既可以选择向人民法院提起行政诉讼，也可选择向国务院申请裁决。此规定是为了更有效地纠正不当的行政行为，保障公民、法人或者其他组织的合法权益，同时体现了国务院对下级行政机关实施的行政行为负有监督的权力和职责。要注意，两条救济途径的选择是择一的，选择了向人民法院提起行政诉讼，就不得再向国务院申请裁决；选择了向国务院申请裁决，就不得再向法院提起行政诉讼，国务院作出的行政裁决为最终决定。

第二十七条 【对垂直领导机关、税务和国家安全机关行政行为不服的复议管辖】对海关、金融、外汇管理等实行垂直领导的行政机关、税务和国家安全机关的行政行为不服的，向上一级主管部门申请行政复议。

条文注释

本条是关于对垂直领导机关、税务和国家安全机关行政行为不服的复议管辖。通常情况下，行政复议由最初作出行政行为的行政机关的上一级主管部门或人民政府管辖。对行政机关作出的行政行为不服的，由申请人选择，既可以向该部门的本级人民政府申请行政复议，也可以向上一级主管部门申请行政复议。但在复议管辖问题上规定"一刀切"的政策，不符合行政管理工作的实际，也不利于行政监督工作的有效开展，因此，本条在管辖上作了特殊规定，即"对海关、金融、外汇管理等实行垂直领导的行政机关、税务和国家安全机关的行政行为不服的，向上一级主管部门申请行政复议"。

第二十八条 【对司法行政部门行政行为不服的复议】对履行行政复议机构职责的地方人民政府司法行政部门的行政行为不服的，可以向本级人民政府申请行政复议，也可以向上一级司法行政部门申请行政复议。

条文注释

本条是关于对司法行政部门作出行政行为不服的复议的规定。

2018 年 3 月国家机构改革之后，原司法行政部门与原政府法制机构的职责整合，重新组建新的司法行政部门。新司法行政部门既办理传统的行政管理事务，包括法律宣传、法律援助、司法公正等司法行政工作。同时扮演政府法制机构的角色。原政府法制机构作为本级人民政府的办事机构，往往会承担行政复议具体事务。此时，新司法行政部门既可能是行政复议的被申请人，也可能是承办行政复议事务的行政复议机构。因而，其行政复议角色出现了悖论，面临既当"运动员"又当"裁判员"的问题。为破解这一难题,2023年《行政复议法》作出规定,对履行行政复议机构职责的司法行政部门作出行政行为不服申请行政复议的,本级人民政府或上一级司法行政部门都有权管辖。

第二十九条 【复议或诉讼的选择】公民、法人或者其他组织申请行政复议,行政复议机关已经依法受理的,在行政复议期间不得向人民法院提起行政诉讼。

公民、法人或者其他组织向人民法院提起行政诉讼,人民法院已经依法受理的,不得申请行政复议。

条文注释

本条是关于公民、法人或者其他组织如何选择行政复议或者行政诉讼的规定。

行政复议和行政诉讼是解决行政争议的两种不同法律制度,两者都是由不服行政行为的公民、法人或者其他组织提出的。由于两者都为了解决行政争议,同时用两种不同的法律途径去解决行政争议,不可避免地会发生冲突,即行政争议一旦发生,不服行政行为的相对人到底采取哪种方式来解决行政争议。这涉及申请行政复议与提起行政诉讼的关系。

本条第1款规定的是行政复议程序正式启动后,申请人不得再向人民法院提起行政诉讼的问题。该规定包括两种情况:第一种情况是申请人可以自由选择时,申请复议和提起行政诉讼的关系。在通常情况下,依照法律、法规的规定,行政相对人对行政机关作出的行政行为不服,可以采取两种救济手段,一是向复议机关申请复议,二是向法院提起行政诉讼。如果行政相对人选择了向行政复议机关申请行政复议,行政复议机关已经依法受理,则在法定行政复议期限内不得申请行政诉讼。第二种情况是行政复议前置情况下申请复议和提起行政诉讼的关系。相对人对行政机关作出的行政行为不服,必须先向行政复议机关申请复议,不允许未经过复议程序直接向人民法院提起行政诉讼,只有对行政复议决定不服,才能到法院提起行政诉讼。在这里行政复议程序是提起该行政诉讼案件的必经程序。那么,何为“行政复议机关已经受理”?《行政复议法》第30条对行政机关受理行政复议问题作出了规定:“行政复议机关收到行政复议申请后,应当在五日内进行审查。”从这一规定不难看出,申请人向行政复议机关提出复议申请,如果在申请提出的5日内,没有接到复议机关不予受理的书面通知,也没有被告知该复议申请不属于该复议机关受理的复议事项,需再向其他行政复议机关提出复议申请,那么申请人就有理由认为行政复议机关已经受理。

本条第2款规定的是公民、法人或者其他组织向人民法院提起行政诉讼并已受理的,不得申请行政复议的问题。具体来说,如果向人民法院起诉,人民法院决定立案,意味着司法程序已经开始,对公民、法人或者其他组织来说,表明了其已经选择了司法救济的途径,因此不得再申请行政复议。选择进入了司法程序,意味着对行政程序的放弃。本条对行政复议和行政诉讼关系的规定,也遵循了此原则。

第三章　行政复议受理

第三十条　【受理条件】行政复议机关收到行政复议申请后,应当在五日内进行审查。对符合下列规定的,行政复议机关应当予以受理:

(一)有明确的申请人和符合本法规定的被申请人;

(二)申请人与被申请行政复议的行政行为有利害关系;

(三)有具体的行政复议请求和理由;

(四)在法定申请期限内提出;

(五)属于本法规定的行政复议范围;

(六)属于本机关的管辖范围;

（七）行政复议机关未受理过该申请人就同一行政行为提出的行政复议申请，并且人民法院未受理过该申请人就同一行政行为提起的行政诉讼。

对不符合前款规定的行政复议申请，行政复议机关应当在审查期限内决定不予受理并说明理由；不属于本机关管辖的，还应当在不予受理决定中告知申请人有管辖权的行政复议机关。

行政复议申请的审查期限届满，行政复议机关未作出不予受理决定的，审查期限届满之日起视为受理。

条文注释

本条是关于行政复议受理条件的规定。

行政复议机关对申请的初步审查，是作出准确处理的前提。公民、法人或者其他组织提出行政复议申请后，行政复议机关通过对行政复议申请内容进行审查，认为该申请符合法定条件时，接受申请，并予以受理。通常把行政复议机关的这一活动，称为行政复议的受理。行政复议机关在收到申请书后，应及时审查行政复议申请的内容，在一定期限内作出是否受理的决定。为体现行政复议制度的效率原则，还应顾及实际操作中的可行性问题。本条规定："行政复议机关收到行政复议申请后，应当在五日内进行审查。"行政复议机关对申请进行审查，是确保行政复议活动正常进行的重要环节。做好受理工作，既可以保证公民、法人或者其他组织正确行使自己的权利；也可以避免行政复议机关盲目立案，为顺利地开展行政复议工作创造有利条件。对于行政复议申请的审查，主要审查申请人资格、利害关系、请求理由、法定期限、复议范围、管辖范围、是否重复受理等几个方面的内容。

为体现高效受理原则，2023 年修改《行政复议法》时增加规定，行政复议机关在法定期限答复并说明理由。对于不符合本条第 1 款规定的行政复议申请，行政复议机关具有作出不予受理决定并说明理由的法定义务。如行政复议机关未在法定期限内作出不予受理决定,则该申请自行政复议机关审查期限届满之日起视为受理。

适用要点

当事人同时向几个行政机关都提出了行政复议申请的,如何处理?

申请人就同一事项向两个或两个以上有权受理的行政机关申请行政复议的,由最先收到复议申请的行政机关受理;同时收到复议申请的,由收到行政复议申请的行政机关协商确定;协商不成的,由共同上一级行政机关指定受理机关。

关联法规

《行政诉讼法》第44条;《公安机关办理行政复议案件程序规定》第26条

第三十一条　【申请材料补正】行政复议申请材料不齐全或者表述不清楚,无法判断行政复议申请是否符合本法第三十条第一款规定的,行政复议机关应当自收到申请之日起五日内书面通知申请人补正。补正通知应当一次性载明需要补正的事项。

申请人应当自收到补正通知之日起十日内提交补正材料。有正当理由不能按期补正的,行政复议机关可以延长合理的补正期限。无正当理由逾期不补正的,视为申请人放弃行政复议申请,并记录在案。

行政复议机关收到补正材料后,依照本法第三十条的规定处理。

条文注释

本条是关于行政复议申请材料补正的规定。

本次修订增设申请材料补正制度,受理申请是行政复议的开端,而提交补正材料的目的在于决定是否受理存疑的复议申请。什么情况下行政复议机关会通知申请人补正材料呢?第一,行政复议申请材料不齐全;第二,行政复议申请材料表述不清楚。行政复议申请材料不齐全或者表述不清楚的，行政复议机关不能确定复议申请是否符合条件，从而决定是否受理，因此申请人应当在行政机关受理前且在其规定补正期限内进行补正。行政复议机关不得未经指导和释明即以申请不符合条件为由不接收材料。对于申请材料内容欠缺或者有其他错误的，应当给予指导和释明，并一次性告知当事人需要补正的内容。一次性表明行政复议机关有通知补正的权力，但不能滥用。如果随意行使，可能会被认为故意以通知补正的方式拖延审理期限、加重申请人负担，直接影响行政复议审理程序的合法性。

本条明确了材料补正后的处理方式。对于补正后的行政复议申请，行政复议机关根据情况可以作出两种处理决定：一是受理。补正后，行政复议申请符合受理条件的，行政复议机关应当及时受理行政复议申请。二是不予受理。补正后，复议申请仍不符合受理条件的，行政复议机关应当作出不予受理的决定。此外，申请人无正当理由逾期不补正的，视为放弃权利。

值得注意的是，补正期限不计入审理期限。补正期限之所以不计入审理期限，原因在于行政复议机关在收到补正材料之前，仍然无法确定该申请是否满足受理条件，因此，行政复议审理期限应当自行政复议机关收到补正材料之日起算。此外，补正所用时间，包括行政复议机关发出补正通知、申请人递交补正材料的在途时间等，这些期限都不计入审理期限。

第三十二条 【通过作出行政处罚决定的行政机关提交复议申请】对当场作出或者依据电子技术监控设备记录的违法事实作出的行政处罚决定不服申请行政复议的，可以通过作出行政处罚决定的行政机关提交行政复议申请。

行政机关收到行政复议申请后，应当及时处理；认为需要维持行政处罚决定的，应当自收到行政复议申请之日起五日内转送行政复议机关。

条文注释

本条是关于公民、法人或者其他组织有权通过作出行政处罚决定的行政机关提交行政复议申请的规定。

本法新增此条规定，亦是践行便民为民的基本原则，能够减轻申请人负担，提高行政效率。具体适用情形有二：

一是对当场作出的行政处罚决定不服。当场处罚，是指行政机关适用简易程序，对事实清楚、情节简单、后果轻微的行政违法行为给予当场处罚的行政行为。根据《行政处罚法》第51条的规定，违法事实确凿并有法定依据，对公民处以二百元以下、对法人或者其他组织处以三千元以下罚款或者警告的行政处罚的，可以当场作出行政处罚决定。

二是对行政机关依据电子技术监控设备记录的违法事实作出的行政处罚决定不服。20世纪90年代以来，交管部门等行政机关逐渐适用电子监控设备采集违法信息，俗称"电子眼执法"。区别于传统的执法模式，"电子眼执法"属于非现场执法模式。在大数据背景下，利用电子技术监控设备收集、固定违法事实的非现场执法模式，已经成为提高行政效率、减轻执法压力的一大趋势，对于依据此类设备收集信息作出的行政处罚，公民、法人或者其他组织可以通过作出行政处罚决定的行政机关提交复议申请。

为督促相关行政机关在收到复议申请后及时处理，如果行政机关认为复议申请的事由成立，可以自行纠正行政处罚决定，公民、法人或者其他组织自然会撤回复议申请，如此避免行政争议进入行政复议审理程序；如果行政机关认为需要维持行政处罚决定，应当自收到复议申请之日起五日内转送行政复议机关，由行政复议机关进行审查，以真正实现实质性解决行政争议的目的。

关联法规

《行政处罚法》第41、51条

第三十三条　【驳回复议申请】行政复议机关受理行政复议申请后，发现该行政复议申请不符合本法第三十条第一款规定的，应当决定驳回申请并说明理由。

条文注释

本条是关于行政复议机关驳回申请的规定。

行政复议机关在收到申请书后，应当及时审查复议申请的内容并决定是否受理。驳回申请，是基于申请的形式要件不符合要求，而产生的不予受理的法律后果。同时，为增强说服力，避免申请人的质疑，行政复议机关应当就驳回申请的原因进行说明。

第三十四条　【复议前置的规定】法律、行政法规规定应当先向行政复议机关申请行政复议、对行政复议决定不服再向人民法院提起行政诉讼的，行政复议机关决定不予受理、驳回申请或者受理后超过行政复议期限不作答复的，公民、法人或者其他组织可以自收到决定书之日起或者行政复议期限届满之日起十五日内，依法向人民法院提起行政诉讼。

条文注释

本条是关于行政复议前置问题的规定。

在法律、行政法规规定应当先向行政机关申请行政复议，对行政复议不服的才能向人民法院提起行政诉讼情况下，公民、法人或者其他组织必须依照法律、行政法规的规定，先经行政复议后再向人民法院提起行政诉讼。此时，行政复议成为提起行政诉讼的前置条件，不经行政复议直接向人民法院提起行政诉讼的，人民法院不予受理。公民、法人或者其他组织可以自收到不予受理决定书之日起或者行政复议期限届满之日起 15 日内，依法提起行政诉讼。这是不服行政复议提起行政诉讼一般期限的规定，其中第二种情况并非行政复议机关已经作出行政复议决定，而是法律规定行政复议机关到期未作出决定的，视为已经作出决定，允许申请人直接向人民法院提起诉讼。如此规定,是为了督促行政复议机关在法定期限内完成行政复议行为,有助于保证行政效率,及时解决行政争议。

行政复议机关对申请不予受理、驳回申请或者受理后逾期没有作出行政复议决定的,申请人可以提起行政诉讼。进一步而言,行政复议机关对行政复议决定不予受理、驳回申请或者受理后逾期不作决定,不会导致申请人诉讼权的丧失。特别是行政复议逾期不作答复的,不仅使申请人的合法权益得不到保护,而且违背了行政复议机关的法定职责,申请人可以据此提起行政诉讼。对于公民、法人或者其他组织的保护,包括了程序权和实体权,前者是基础,后者是目的。如果不保护程序权,实体权将难以实现;不保护实体权,程序权将失去意义。因此,两方面的权益,都是《行政复议法》保护的客体。

第三十五条 【上级行政机关责令纠正及直接受理】公民、法人或者其他组织依法提出行政复议申请,行政复议机关无正当理由不予受理、驳回申请或者受理后超过行政复议期限不作答复的,申请人有权向上级行政机关反映,上级行政机关应当责令其纠正;必要时,上级行政复议机关可以直接受理。

条文注释

本条是关于行政复议机关无正当理由不予受理、驳回申请或者受理后超过行政复议期限不作答复的处理的规定。

依照本条规定,上级行政机关认为行政复议机关不予受理、驳回申请或者受理后超过行政复议期限不作答复的理由不成立的,应当责令其纠正,必要时可以直接受理;认为行政复议申请不符合法定受理条件的,应当告知申请人。

实践中有些行政复议机关不愿受理行政复议案件,对实行行政复议制度缺乏积极性,为此,《行政复议法》对这类现象加以制约。公民、法人或者其他组织依法提出行政复议申请,行政复议机关无正当理由不予受理的,上级行政机关应当责令其纠正;必要时,上级行政复议机关可以直接受理。本条规定体现了上级行政机关对行政复议机关工作的监督职能，对于加强行政机关内部监督，促进行政机关合法、正确地行使职权具有重要意义。

关联法规

《行政复议法实施条例》第31条；《人力资源社会保障行政复议办法》第29条

第四章　行政复议审理

第一节　一般规定

第三十六条　【审理程序及保密规定】行政复议机关受理行政复议申请后，依照本法适用普通程序或者简易程序进行审理。行政复议机构应当指定行政复议人员负责办理行政复议案件。

行政复议人员对办理行政复议案件过程中知悉的国家秘密、商业秘密和个人隐私，应当予以保密。

条文注释

本条是关于行政复议机关审理程序以及保守秘密的规定。

复议审理程序是行政复议机关受理复议申请后审理案件的过程。行政复议机关受理申请后，行政复议进入审理程序。审理是复议程序中最实质性的阶段。行政复议程序分为普通程序和简易程序两种，促进行政复议案件的"繁简分流"。简易程序属于特别程序，普通程序属于一般程序。不适用简易程序的，都适用普通程序。普通程序遵循常规性的审理步骤。对于简易程序，适用条件是较小罚款、案情简单、事实清楚等，即在具备某些条件的情况下，由行政复议机关当场作出决定，并且简化执行的步骤、方式、时限、形式等程序。鉴于在办理行政复议案件中，行政复议人员往往更容易获知国家秘密、商业秘密和个人隐私。而保守秘密或个人隐私是行政复议人员的一项基本义务，这就要求其严格保守秘密，不能失密泄密，更不能以密谋私。

关联法规

《行政处罚法》第50条;《保守国家秘密法》第3条

第三十七条 【审理依据】行政复议机关依照法律、法规、规章审理行政复议案件。

行政复议机关审理民族自治地方的行政复议案件,同时依照该民族自治地方的自治条例和单行条例。

条文注释

本条是关于行政复议审理依据的规定。

根据本条的规定,行政复议机关依照法律、法规、规章审理行政复议案件;审理民族自治地方的行政复议案件,同时以该民族自治地方的自治条例和单行条例为依据。

1. 法律

法律不仅包括全国人民代表大会及其常务委员会通过的以主席令的形式公布的规范性文件,例如《行政许可法》《行政处罚法》等,同时也包括不以主席令的形式公布的有关法律问题的决定,例如《全国人民代表大会常务委员会关于司法鉴定管理问题的决定》《全国人民代表大会常务委员会关于授权国务院在广东省暂时调整部分法律规定的行政审批的决定》等。

2. 法规

法规分为行政法规和地方性法规。根据《立法法》的规定,行政法规,是指国务院根据《宪法》和法律,就执行法律的规定需要制定行政法规的事项和《宪法》规定的国务院行政管理职权的事项制定,由总理签署国务院令公布的规范性文件。考虑到《立法法》施行后我国行政法规的制定程序发生了很大变化,现行有效的行政法规有以下三种类型:一是国务院制定并公布的行政法规。二是《立法法》施行以前,按照当时有效的行政法规制定程序,经国务院批准、由国务院部门公布的行政法规。但在《立法法》施行以后,经国务院批准、由国务院部门公布的规范性文件,不再属于行政法规。三是在清理行政法规时由国务院确认的其他行政法规。

地方性法规,是指各省、自治区、直辖市和设区市人民代表大会及其常务委员会根据本行政区域的实际需要,在不与《宪法》、法律、行政法规相抵触的前提下制定的规范性文件,包括经济特区所在地的省、市的人民代表大会及其常务委员会根据全国人民代表大会的授权决定而制定的经济特区法规。

3. 规章

规章包括部门规章和地方政府规章。部门规章,是指国务院各部、委员会,中国人民银行,审计署和具有行政管理职能的直属机构,根据法律和国务院的行政法规、决定、命令,在本部门权限范围内制定的规范性文件。部门规章规定的事项应当属于执行法律或者国务院的行政法规、决定、命令的事项。地方政府规章,是指省、自治区、直辖市和设区市的人民政府根据法律、行政法规和本省、自治区、直辖市的地方性法规,就执行法律、行政法规、地方性法规的规定,对需要制定规章的事项和属于本行政区域的具体行政管理事项制定的规范性文件。

从本条可以看出,行政复议机关审理案件的依据范围,大于人民法院审理行政案件的依据范围,因为法院审理行政案件只是参照规章。造成差异的主要原因是,行政复议机关不仅要审查行政行为的合法性,还要审查其适当性。

4. 自治条例和单行条例

自治条例和单行条例,是指自治区、自治州、自治县的人民代表大会依照当地民族的政治、经济和文化的特点制定的规范性文件。自治区的自治条例和单行条例,报全国人民代表大会常务委员会批准后生效。自治州、自治县的自治条例和单行条例,报省、自治区、直辖市的人民代表大会常务委员会批准后生效。自治条例和单行条例可以依照当地民族的特点,对法律和行政法规的规定作出变通规定,但不得违背法律或者行政法规的基本原则,不得对《宪法》和《民族区域自治法》的规定以及其他有关法律、行政法规专门就民族自治地方所作的规定作出变通规定。

第三十八条 【复议管辖权转移】上级行政复议机关根据需要,可以审理下级行政复议机关管辖的行政复议案件。

下级行政复议机关对其管辖的行政复议案件,认为需要由上级行政复议机关审理的,可以报请上级行政复议机关决定。

条文注释

本条是关于行政复议管辖权转移的规定。

2023年《行政复议法》完善了行政复议管辖制度和审理程序的上下互通渠道。由于行政复议案件较为复杂,一般的管辖程序尚不足以适应复杂多变的案件审理需求。行政复议管辖权的转移,赋予了上下级行政复议机关灵活处理的权力,目的是让合适的行政复议机关更好地审理案件。本条规定是将案件上移审理,包括上提下和下交上。上级行政复议机关有权将下级行政复议机关审理的案件提上来自己审理;下级行政复议机关对其审理的案件认为确有困难等需要由上级行政复议机关审理的,可以报请上级行政复议机关决定。

关联法规

《行政诉讼法》第24条

第三十九条 【复议中止】行政复议期间有下列情形之一的,行政复议中止:

(一)作为申请人的公民死亡,其近亲属尚未确定是否参加行政复议;

(二)作为申请人的公民丧失参加行政复议的行为能力,尚未确定法定代理人参加行政复议;

(三)作为申请人的公民下落不明;

(四)作为申请人的法人或者其他组织终止,尚未确定权利义务承受人;

（五）申请人、被申请人因不可抗力或者其他正当理由，不能参加行政复议；

（六）依照本法规定进行调解、和解，申请人和被申请人同意中止；

（七）行政复议案件涉及的法律适用问题需要有权机关作出解释或者确认；

（八）行政复议案件审理需要以其他案件的审理结果为依据，而其他案件尚未审结；

（九）有本法第五十六条或者第五十七条规定的情形；

（十）需要中止行政复议的其他情形。

行政复议中止的原因消除后，应当及时恢复行政复议案件的审理。

行政复议机关中止、恢复行政复议案件的审理，应当书面告知当事人。

条文注释

本条是关于行政复议审理中止的规定。

行政复议中止，是指在行政复议过程中，由于发生某种情况影响复议的正常进行而暂时停止，待中止的情况消失后再恢复审理的制度。行政复议机关作出的复议中止决定的行为属于程序性中止行为，未导致行政复议程序终结。2023 年修改《行政复议法》时明确了 10 种导致行政复议中止的情形，待影响因素消失之后，还可以恢复行政复议案件的审理。实践中，不管是需要中止行政复议还是重新恢复行政复议，都应当书面及时告知有关人员。

适用要点

因突发公共卫生事件导致行政复议案件审查程序受阻，行政复议可否中止？

因防治疫情等突发公共卫生事件，致使行政复议机关在复议期间无法正常开展工作，以及申请人、被申请人明确表示不放弃相应权利的,行政复议机关可以决定在该不可抗力情形持续期间中止有关行政复议案件的审理,并通知申请人、被申请人和第三人。待该不可抗力情形消失后,应立即恢复对行政复议案件的审理。

关联法规

《行政复议法实施条例》第41条

第四十条　【行政复议机关无正当理由中止复议的处理】行政复议期间,行政复议机关无正当理由中止行政复议的,上级行政机关应当责令其恢复审理。

条文注释

本条是关于上级行政机关责令行政复议机关恢复审理的规定。

行政复议中止往往是因为出现一些特殊的情况。实践中,某些案件的中止原因较为随意,部分案件被中止后,中止时间持续长达数年,加深了社会矛盾的积累,严重影响了纠纷解决效率,制约了行政复议功能的发挥。为此,本条规定行政复议机关无正当理由中止行政复议的,上级行政机关应当责令其恢复审理。所谓责令,就是责成、命令。作为下级的行政复议机关应当服从上级行政机关的命令,如果无正当理由中止行政复议,上级行政机关责令后,应当恢复审理。

第四十一条　【终止复议】行政复议期间有下列情形之一的,行政复议机关决定终止行政复议:

(一)申请人撤回行政复议申请,行政复议机构准予撤回;

(二)作为申请人的公民死亡,没有近亲属或者其近亲属放弃行政复议权利;

(三)作为申请人的法人或者其他组织终止,没有权利义务承受人或者其权利义务承受人放弃行政复议权利;

(四)申请人对行政拘留或者限制人身自由的行政强制措施不服申请行政复议后,因同一违法行为涉嫌犯罪,被采取刑事强制措施;

（五）依照本法第三十九条第一款第一项、第二项、第四项的规定中止行政复议满六十日，行政复议中止的原因仍未消除。

条文注释

本条是关于行政复议机关决定终止复议的规定。

终止是指“结束、停止”。行政复议的终止，指的是复议期间由于出现某些特殊情况，行政复议无法继续进行或没有必要继续进行的，结束行政复议程序。对于行政复议终止，2023年修改《行政复议法》时明确了申请人撤回行政复议申请等5种行政复议终止情形。实践中行政复议案件情况复杂，有许多应当终止的情形，行政复议机关继续审理已无必要，但是，因为没有法律依据而不能及时结案，因此，需要明确行政复议终止的情形。根据需要，参照司法审判的一些做法，在遵循《行政复议法》精神的前提下，本条采取明确列举的方法，主要规定了行政复议终止的5种情形。

行政复议机关决定终止审理后，依法应当制作决定书并送达当事人。其有以下特征：(1)在行政复议期间发生。所谓行政复议期间，是指复议机关从开始办理至办结复议案件的整个时间段。一般而言，开始办理复议案件是指从受理时起算，即受理复议案件才是办理复议案件的开始。(2)有法定事由。关于行政复议终止的法定事由，2023年修改《行政复议法》时明确了5种具体事由。(3)结束审理。在法律性质上行政复议终止属于程序的结束，而非程序的暂停。

关联法规

《行政复议法实施条例》第42条；《住房城乡建设行政复议办法》第36条；《中国保险监督管理委员会行政复议办法》第34条；《公安机关办理行政复议案件程序规定》第61条

第四十二条 【复议停止执行】行政复议期间行政行为不停止执行;但是有下列情形之一的,应当停止执行:

(一)被申请人认为需要停止执行;

(二)行政复议机关认为需要停止执行;

(三)申请人、第三人申请停止执行,行政复议机关认为其要求合理,决定停止执行;

(四)法律、法规、规章规定停止执行的其他情形。

条文注释

本条是关于行政复议停止执行的情形的规定。

行政复议申请一经提出,意味着行政机关的行政行为受到怀疑,对其合法与否、适当与否已经产生了争议;同时,行政复议程序即告正式开始。一般情况下,行政行为不因行政复议申请的提出而停止执行,即复议不停止执行。行政机关依其职权所作出的行政行为,是代表国家作出的,行政复议开始后,行政机关为实现行政目的,是否执行行政行为属于行政机关的职责范围。其强制力和执行力表现为,在违法或不当的行政行为被撤销或变更以前,不因相对人申请行政复议而影响其执行。因此,公民、法人或者其他组织在申请行政复议的同时,要继续执行行政机关所作出的行政行为。尽管行政复议期间不停止行政行为的执行是行政复议制度的一项原则,但是某些具体情况下,不停止执行也可能给申请人的合法权益或公共利益造成实际损害,待行政复议机关撤销或变更违法或不当的行政行为后再予以补救,就显得十分被动。如果毫无例外地规定复议不停止执行,将可能使违法或不当的行政行为得到执行而损害相对人的合法权益。因此,各国行政复议法在确立此原则的基础上,往往规定了例外情形。我国《行政复议法》综合考量,规定面临以下四种情形时,行政复议期间内应当停止行政行为的执行。

1. 被申请人认为需要停止执行

这主要是由行政机关对各种情况作出判断,如果其认为停止执行并不会损害社会公共利益，而不停止执行有可能带来难以弥补的损失或者有其他特殊原因，则可以作出停止执行的决定。

2. 行政复议机关认为需要停止执行

行政复议机关对被申请人有监督的职责，同时对行政复议申请人也有保护的职责。因此，应当对被申请人的行政行为是否需要停止执行进行审查。

3. 申请人、第三人申请停止执行，行政复议机关认为其要求合理

这种申请必须经行政复议机关审查，才能决定是否停止执行。例如，某城建部门认为某单位的房屋是违章建筑，要求该单位予以拆除。该单位不服城建部门的处罚，而申请行政复议，并申请停止执行拆除房屋的处罚决定。行政复议机关经审查认为，如果拆除房屋将会给该单位造成很大的损失，暂不拆除房屋尚不影响周围居民或者正常的交通、环境等，因而决定暂停执行城建部门的处罚决定。

4. 法律、法规、规章规定停止执行其他情形

本条在2017年《行政复议法》的基础上，明示了法规、规章规定的其他情形也应该停止执行。

从本条规定来看，对行政复议期间行政行为的停止执行需把握从严原则。从规定条件及实务操作上看，符合行政行为的执行会造成难以弥补的损失和停止执行不损害社会公共利益这两个条件，才能批准申请人停止执行的请求。总体来说，以行政复议申请不停止执行为原则，同时兼以附条件的停止执行，在维护行政权权威和兼顾相对人合法权益方面，是一种可行而且合理的选择。

第二节　行政复议证据

第四十三条　【证据种类】行政复议证据包括：

（一）书证；

（二）物证；

（三）视听资料；

（四）电子数据；

（五）证人证言；

（六）当事人的陈述；

（七）鉴定意见；

（八）勘验笔录、现场笔录。

以上证据经行政复议机构审查属实，才能作为认定行政复议案件事实的根据。

条文注释

本条是关于行政复议证据种类的规定。

证据是证明案件事实是否客观存在的材料，既是行政复议机关认定案件事实的根据，也是正确审理案件的基础。行政复议机关审理案件应当坚持证据裁判原则。行政复议是运用证据查明案件事实的过程，没有证据就没有复议的公平公正。证据有以下三个基本特征：(1)客观性，是指证据应当客观地反映案件事实真相。证据的客观性是证据的本质要求，任何推测、假设、想象的情况，都不能作为认定案件事实的依据。(2)关联性，是指证据必须与待证事实有内在的联系。证据应当直接或者间接地证明案件事实形成的条件、发生的原因和相应的后果。(3)合法性，是指取得证据的方法、运用证据的程序等应当符合法律的规定。

(1)书证，是指以文字、符号所记录或者表达的思想内容，证明案件事实的文书，如罚款单据、财产没收单据、营业执照、商标注册证、档案、报表、图纸、会计账册、专业技术资料等。

(2)物证，是指用外形、特征、质量等说明案件事实的部分或者全部的物品。物证具有较强的客观性、特定性和不可替代性。

(3)视听资料，是指运用录音、录像等科学技术手段记录下来的有关案件事实和材料，如用录音机录制的当事人的谈话、用摄像机拍摄的当事人形象及其活动等。行政复议机关对视听资料，应当辨别真伪,并结合本案的其他证据,审查确定能否作为认定事实的根据。

(4)电子数据,是指以数字化形式存储、处理、传输的数据。

(5)证人证言,是指证人以口头或者书面方式向人民法院所作的对案件事实的陈述。证人,是指直接或者间接了解案件情况的单位和个人。不能正确表达意思的人,不能作证。行政复议机关认定证人证言,可以通过对证人的智力状况、品德、知识、经验和专业技能等的综合分析作出判断。

(6)当事人的陈述,是指当事人就自己所经历的案件事实,向行政复议机关所作的叙述、承认和陈词。当事人是行政法律关系的参与者,其陈述往往限于对自己有利的部分,对案件事实可能有所隐瞒、删减甚至歪曲,因此,具有主观性片面性和情绪性的特点。行政复议机关对当事人的陈述不能偏听偏信,必须结合案件的其他证据,审查确定其能否作为认定事实的根据。

(7)鉴定意见,是指鉴定机构或者行政复议机关指定的具有专门知识或者技能的人,对行政案件中出现的专门性问题,通过分析、检验、鉴别等方式作出的书面意见。

(8)勘验笔录、现场笔录。勘验笔录,是指行政机关对能够证明案件事实的现场或者不能、不便拿到的物证,就地进行分析、检验勘查后作出的记录。现场笔录,是指行政机关对行政违法行为当场处理而制作的文字记载材料。

证据经行政复议机构审查属实,才能作为认定案件事实的根据。证据需经法定的程序加以查证属实,一般包括证据的提供、调取和保全、质证、审核认定等程序。证据应当在复议过程中出示,并由申请人与被申请人互相质证。当事人应当围绕证据的关联性、合法性和真实性,针对证据有无证明效力以及证明效力大小进行质证。

关联法规

《行政诉讼法》第33条;《行政处罚法》第46条

第四十四条　【举证责任】被申请人对其作出的行政行为的合法性、适当性负有举证责任。

有下列情形之一的，申请人应当提供证据：

（一）认为被申请人不履行法定职责的，提供曾经要求被申请人履行法定职责的证据，但是被申请人应当依职权主动履行法定职责或者申请人因正当理由不能提供的除外；

（二）提出行政赔偿请求的，提供受行政行为侵害而造成损害的证据，但是因被申请人原因导致申请人无法举证的，由被申请人承担举证责任；

（三）法律、法规规定需要申请人提供证据的其他情形。

条文注释

本条是关于被申请人举证责任与申请人提供证据的规定。

举证责任，是指当事人根据法律规定对特定的事实提供相关的证据加以证明的责任，若不能提供证据，其将在行政复议中承担不利的后果。被申请人对作出的行政行为的合法性、适当性负有举证责任，是行政复议举证责任分配的基本原则。规定被申请人的举证责任主要出于以下考虑：(1)贯彻公平原则。被申请人在行政管理活动中，处于支配者的地位，其作出行政行为一般无须征得公民、法人或其他组织的同意；而申请人在行政管理中处于被支配者的地位，相对而言是弱者。在举证责任分配的制度设计上，要求被申请人在举证责任负担上比申请人承担的责任更大，有利于侧重保护申请人一方的利益，从而保证行政复议机关作出公正的决定。(2)当事人举证能力的差异性。在行政程序中，行政机关可以依职权调查收集证据。如《行政处罚法》规定，除可以当场作出的行政处罚外，行政机关发现公民、法人或者其他组织有依法应当给予行政处罚的行为的，必须全面、客观、公正地调查，收集有关证据。行政机关在执法活动中代表国家作出行政行为，有国家强制力的保障以及国家财政的支持，在收集掌握证据方面有优势；而被申请人由于在行政法律关系中始终处于弱势地位，故其取证手段有限，取证较为困难。因此，由被申请人承担举证责任既符合行政执法的规律，也有利于平衡申请人、被申请人双方在举证能力上的差异。(3)有利于促使被申请人依法行政，防止滥用职权。由行政机关承担更多的举证责任，也就对行政机关的行政行为提出了更高的要求，要求其在作出行政行为时，充分收集证据，了解案件事实，从而减少行政机关违法行政的行为。

行政复议审查中的合法性包括：第一，行政机关行使的是法定职权。行政机关的设立、变更和撤销以及职权行使的范围，都必须依据法律、法规的规定，超越职权，行使不属于自己的职权，或者侵犯其他行政机关的职权而作出行政行为都属违法。第二，作出行政行为的客观事实清楚、证据确凿。如果行政机关在没有查清事实、证据确凿的情况下就作出行政行为，那么该行政行为就属违法。第三，作出行政行为适用法律、法规正确。行政机关作出的行政行为，适用的法律、法规要与申请人行政违法事实相对应。在行政行为合法的前提下，具备以下条件应判定为适当：一是该行为的目的、动机和对具体问题的处理符合立法精神。二是自由裁量权的行使符合关于公平、合理、客观、适度的一般要求，即相似的情形给予相似的处理；相关因素应当考虑，不相关因素不予考虑；对具体问题的处理符合客观情势；采取行政措施不超过必要的限度；符合信赖保护原则。可以说，所谓适当性就是合理性问题，是基于行政机关的自由裁量权发生的，行政机关行使自由裁量权，只要行为不超过法定幅度和权限，一般不发生是否合法问题，而发生是否适当的问题。综上，行政复议机关依法对行政行为进行合法性、适当性审查，并作出行政复议决定的行政行为。

申请人没有对行政行为合法性、适当性的举证责任，但是为了维护自身合法权益，应当根据特定情形提供相关证据证明行政行为的违法性、不适当性，促使行政复议机关作出对自身有利的决定。申请人在特定情况下也应提供相应证据：一是申请人在被申请人不作为案件中的举证责任；二是申请人在行政赔偿补偿案件中的举证责任。之所以作出这一规定，是因为这样一来有利于行政复议机关全面、客观地查清案件的事实，作出正确的决定。行政复议机关审理案件以事实为根据，只有从多方面、多角度获取证据，才能保证案件的公正审理。本条规定的是"应当"，申请人没有提供证明行政行为违法、不适当的证据的责任，申请人提出相关证据不完全是出于自愿的，尽管不能免除被申请人的举证责任，但申请人不能就提出曾经要求被申请人履行法定职责的证据、提供受行政行为侵害而造成损害的证据及相关法律、法规规定的情形，且不是被申请人原因导致的，将可能承担不利的法律后果。

关联法规

《税务行政复议规则》第53条；《住房城乡建设行政复议办法》第24条

第四十五条　【调查取证】行政复议机关有权向有关单位和个人调查取证，查阅、复制、调取有关文件和资料，向有关人员进行询问。

调查取证时，行政复议人员不得少于两人，并应当出示行政复议工作证件。

被调查取证的单位和个人应当积极配合行政复议人员的工作，不得拒绝或者阻挠。

条文注释

本条是关于行政复议机关调查取证的规定。

调查取证，是指有调查取证权的行政复议机关为了查明案件事实，向有关单位、个人进行调查、收集证据。调查取证时，应当由具有执法资格的行政复议人员实施。执法人员不得少于两人，法律另有规定的除外。当事人或者有关人员有权要求行政复议人员出示执法证件。行政复议人员在调查或者进行检查时，应当主动向当事人或者有关人员出示执法证件。不出示执法证件的，当事人或者有关人员有权拒绝接受调查取证。调查取证应当文明规范，尊重和保护有关人员合法权益。

行政复议机关调查取证时，有关单位和个人应予以配合。当事人或者有关人员应当如实回答询问，并协助调查取证，不得拒绝和阻挠。

适用要点

本条中的“有关单位和人员”怎么理解？

这里的“有关单位和人员”包括争议双方、与被申请人有联系的有关单位、有关执法人员和有关负责人等。

关联法规

《行政复议法实施条例》第34条

第四十六条　【被申请人不得自行取证以及补充证据】行政复议期间，被申请人不得自行向申请人和其他有关单位或者个人收集证据；自行收集的证据不作为认定行政行为合法性、适当性的依据。

行政复议期间，申请人或者第三人提出被申请行政复议的行政行为作出时没有提出的理由或者证据的，经行政复议机构同意，被申请人可以补充证据。

条文注释

本条是关于在行政复议过程中被申请人不得自行取证以及补充证据的规定。

在行政复议过程中，产生行政争议的行政行为已经作出，而行政机关作出行政行为之前，行政程序的基本规则是应当先调查取证，在证据确定充分后，行政机关才能作出行政行为。这要求行政机关在执法过程中应当先调查取证，查明事实，在证据确实充分，事实清楚的基础上作出决定。在行政执法过程中，行政机关应普遍遵守“先取证、后裁决”这一规则。“先取证、后裁决”是指行政机关必须先取得实施行政行为的事实根据，然后才能作出影响相对人权利义务的决定。本条规定，在行政复议过程中被申请人不得自行向申请人和其他有关单位或者个人收集证据。这表明行政机关举出的证据应是在行政程序中收集和调查的证据,其在发生行政复议后丧失了独立取证的权利。行政机关作出的行政行为,是影响相对人权利义务的行为,必须以一定的事实要件为基础,因此必须审慎对待。

行政复议过程中只限制被申请人不得自行取证,而并不限制申请人、第三人及行政复议机关取证。如果行政复议期间,申请人或者第三人提出被申请行政复议的行政行为作出时没有提出的理由或者证据,经行政复议机构同意,被申请人可以补充证据。被申请人对于案件的重要证据线索可提出取证要求,行政复议机关认为有必要时,可以同意其补充证据。

第四十七条 【申请人、第三人及其委托代理人查阅、复制答辩和证据材料权利】行政复议期间,申请人、第三人及其委托代理人可以按照规定查阅、复制被申请人提出的书面答复、作出行政行为的证据、依据和其他有关材料,除涉及国家秘密、商业秘密、个人隐私或者可能危及国家安全、公共安全、社会稳定的情形外,行政复议机构应当同意。

条文注释

本条是关于申请人、第三人及其委托代理人查阅、复制答辩和证据材料的规定。

为保证行政复议的公开、公正,《行政复议法》规定,申请人、第三人及其委托代理人可以查阅、复制了解被申请人的答复意见,以及作出行政行为的证据、依据和其他有关材料。申请人查阅有关资料是应当予以保证的,不必经行政复议机关同意,同时2023年修改《行政复议法》时还明确规定,除涉及国家机密、商业秘密或者个人隐私权或者可能危及国家安全、公共安全、社会稳定的情形外,行政复议机关均不得以各种理由和借口拒绝申请人阅卷。

适用要点

国家秘密一般包括哪些事项?

国家秘密一般包括：(1)国家事务重大决策中的秘密事项；(2)国防建设和武装力量活动中的秘密事项；(3)外交和外事活动中的秘密事项以及对外承担保密义务的秘密事项；(4)国民经济和社会发展中的秘密事项；(5)科学技术中的秘密事项；(6)维护国家安全活动和追查刑事犯罪中的秘密事项；(7)经国家保密行政管理部门确定的其他秘密事项。

第三节　普通程序

第四十八条　【答辩期限】行政复议机构应当自行政复议申请受理之日起七日内，将行政复议申请书副本或者行政复议申请笔录复印件发送被申请人。被申请人应当自收到行政复议申请书副本或者行政复议申请笔录复印件之日起十日内，提出书面答复，并提交作出行政行为的证据、依据和其他有关材料。

条文注释

本条是关于被申请人答辩期限的规定。

行政复议工作坚持及时原则，要求行政复议机关在受理、审理行政复议案件的各个环节中都能在法定期限内履行职责。为做好行政复议案件审理的准备工作，行政复议机构应当自行政复议申请受理之日起7日内，向被申请人送达有关受理的文书，通知被申请人参加复议，知晓申请人的要求和根据，并据以准备答辩书及有关证据、材料。这是确保案件及时审结的一项重要准备工作。被申请人在收到行政复议机构送达的受理文书后，应当在法定期限内履行答辩义务，并向复议机构提交证据材料及作出行政行为的证据、依据和其他有关材料。其中包括期限的要求：被申请人的答辩期限在《行政复议法》中规定为10日，即从收到受理文书次日起算，被申请人应在10日内将拟制的答复书及有关证据材料送达复议机关。如果被申请人逾期答辩或不提交答辩，其可能承担行政行为被撤销的后果。

关联法规

《行政复议法实施条例》第36条

第四十九条　【当面审理与书面审理】适用普通程序审理行政复议案件，行政复议机构应当当面或者通过互联网、电话等方式听取当事人的意见，并将听取的意见记录在案。因当事人原因不能听取意见的，可以书面审理。

条文注释

本条是关于行政复议当面审理与书面审理的规定。

对于符合范围的行政复议案件，行政复议机关受理后，应当依法进行审理。合法及时地审理案件，是行政复议的重要环节。行政复议机构采取什么样的审理方式是一个关键问题。2023年修改《行政复议法》时确立了当面审理为主，兼顾书面审理的方式。所谓当面审理，是指让案件申请人当面向行政复议机关提出合理性诉求，并全程见证案件审议过程，提高审案的公开透明度。2017年《行政复议法》采取的是书面审理的模式，即案件当事人不参与案件审理，因当事人原因不能听取意见的，为了避免给申请人和被申请人造成诉累，体现效率原则，行政复议审理还可以采取书面审理形式。所谓书面审理，是指行政复议机构在审理复议案件时，仅就案件的有关书面材料进行审理并作出决定的方式。当然，这并没有排除行政复议机构根据需要选择书面形式之外的其他适当方式进行审理。

书面审理的材料，包括申请人的复议申请书、被申请人提交的作出行政行为的材料和证据以及所提出的答辩书。这种方式原则上不传唤复议参加人和证人等到行政复议机关；行政复议参加人可以采用邮寄的方式递交行政复议申请书和有关材料；证人也可以用书面材料作证。行政复议机关书面审查的客体是被申请人作出的行政行为是否合法和适当。但这样的审理模式存在侧重形式、不够公开透明等不足之处。由此，2023年修改《行政复议法》时将原来的书面审理为主升级为当面审理为主。行政复议机构认为必要时，向有关组织和人员调查情况，听取申请人被申请人和第三人的意见，或者采取听证方式，通过双方对争议的事实、法律依据等进行质证辩论，最后由行政复议机关作出决定。这种审查方式适用于较为复杂，影响较大的复议案件。

第五十条　【听证程序】审理重大、疑难、复杂的行政复议案件，行政复议机构应当组织听证。

行政复议机构认为有必要听证，或者申请人请求听证的，行政复议机构可以组织听证。

听证由一名行政复议人员任主持人，两名以上行政复议人员任听证员，一名记录员制作听证笔录。

条文注释

本条是关于行政复议听证程序的规定。

行政复议听证，是指行政复议机构在办理行政复议案件过程中，为查明案件事实，组织听证参加人，通过陈述、辩论等形式对复议案件进行审理。本条明确了听证的范围和启动的方式：重大、疑难、复杂的行政复议案件，行政复议机构应当组织听证；行政复议机构认为有必要听证，或者申请人请求听证的，行政复议机构可以组织听证。

行政复议听证会首先由作为主持人的行政复议人员宣布听证纪律，介绍听证人员，核对当事人和其他参与人员的身份，审查委托代理人的代理权限。经听证主持人组织，当事人围绕争议焦点进行辩论，并作最后陈述。最后，由听证记录员记录。为保障行政复议听证的亲历性，行政复议听证的主持人、参与人均为行政复议人员，这意味着只有听证主持人、参与人直接参与案件的审理过程，才能使复议决定具有亲历性，这是听证程序必不可少的环节。听证笔录是听证结果的书面形式。记录员应当如实记录，制作听证笔录。听证笔录应当载明听证时间、地点、案由，听证人员、听证参加人姓名，各方意见以及其他需要载明的事项。

关联法规

《行政处罚法》第63条;《工业和信息化部行政复议实施办法》第16条;《住房城乡建设行政复议办法》第4条

第五十一条　【听证规则】行政复议机构组织听证的,应当于举行听证的五日前将听证的时间、地点和拟听证事项书面通知当事人。

申请人无正当理由拒不参加听证的,视为放弃听证权利。

被申请人的负责人应当参加听证。不能参加的,应当说明理由并委托相应的工作人员参加听证。

条文注释

本条是关于行政复议听证规则的规定。

一是行政复议机构组织听证的,应当于举行听证的5日前将听证的时间、地点和拟听证事项书面通知当事人。二是申请人无正当理由拒不参加听证的,视为放弃听证权利。注意,这里的拒不参加听证,应当包括申请人未经许可中途退出听证的情形。并增加规定申请人无正当理由拒不出席听证或者未经许可中途退出听证的,视为放弃听证权利,行政复议机构终止听证。

行政复议是"民告官"的制度,为避免在听证实践中"告官不见官",本条规定针对重大、疑难、复杂等需要组织听证的行政复议案件,被申请人的负责人均应当参加,这是一个基本原则。但是如果负责人有正当理由,确实不能参加的,应委托相应的工作人员。有两点需要注意:一是本条所述"被申请人的负责人",是指被申请人的正职和副职领导人;二是在被申请人的负责人确实不能参加听证的情况下,应当委托该相应工作人员出席,不能只委托律师或其他人员。

确立被申请人的负责人参加听证制度具有重要意义:一是有利于有效化解行政争议。负责人出席体现了对行政复议活动的尊重,也体现了双方地位的相对平等。申请人与被申请人的负责人直接面对面，陈述其主张和理由，缓和了双方的对立情绪，有利于听证活动的顺利进行。二是有利于提高被申请人的负责人的法治意识，推进行政机关依法行政及相关部门依法办事。负责人作为领导者，本身应具有较强的法治意识。参加听证的过程实际上也是一个法治教育的过程，通过亲自参加听证，负责人能够进一步增加对法律知识的了解，从而更好地做好本单位的法治工作。

第五十二条　【行政复议委员会】县级以上各级人民政府应当建立相关政府部门、专家、学者等参与的行政复议委员会，为办理行政复议案件提供咨询意见，并就行政复议工作中的重大事项和共性问题研究提出意见。行政复议委员会的组成和开展工作的具体办法，由国务院行政复议机构制定。

审理行政复议案件涉及下列情形之一的，行政复议机构应当提请行政复议委员会提出咨询意见：

（一）案情重大、疑难、复杂；

（二）专业性、技术性较强；

（三）本法第二十四条第二款规定的行政复议案件；

（四）行政复议机构认为有必要。

行政复议机构应当记录行政复议委员会的咨询意见。

条文注释

本条是关于行政复议委员会的规定。

在功能定位上，本条确定行政复议委员会作为咨询机构，为办理重大、疑难、复杂的行政复议案件提供咨询意见。行政复议委员会，一般由主任委员、副主任委员和委员组成。在人员组成上，行政复议委员会成员涵盖行政公务人员和社会人士，即相关政府部门、专家、学者等参与其中。行政公务人员熟悉行政系统的运行规律，可以有效调动行政资源，促使争议解决。社会人士的参与有助于提高行政复议的民主性，可以将案件审理的积极效果传递于社会，促进法律效果和社会效果相统一。行政复议委员会在很大程度上可以解决行政复议专业性不足等问题，并强化行政复议的独立性，提高行政复议的公正性。

行政复议委员会是行政复议案件审理的关键制度，可充分发挥外部监督的积极效果。

第四节　简易程序

第五十三条　【简易程序范围】行政复议机关审理下列行政复议案件，认为事实清楚、权利义务关系明确、争议不大的，可以适用简易程序：

（一）被申请行政复议的行政行为是当场作出；

（二）被申请行政复议的行政行为是警告或者通报批评；

（三）案件涉及款额三千元以下；

（四）属于政府信息公开案件。

除前款规定以外的行政复议案件，当事人各方同意适用简易程序的，可以适用简易程序。

条文注释

本条是关于简易程序的规定。

行政复议机关审理行政复议案件，如果对一些事实清楚、法律关系明确、争议不大的案件适用普通程序，无疑会增加当事人的时间成本，浪费行政资源。2023年修改《行政复议法》时增加了简易程序。简易程序，是指行政复议机关在审理事实清楚、权利义务关系明确、争议不大的行政案件时，适用的一种简便易行的诉讼程序。简易程序是与普通程序相对的程序，在申请手续、审理程序以及审理期限等方面都作了简化。由于简易程序具有手续简便、审理方式灵活、不受普通程序有关规定约束的特点，有利于及时审结案件，降低当事人的成本，保护当事人的合法权益。对于行政复议机关来说，通过简易程序解决好一些事实清楚、权利义务关系明确、争议不大的案件,有利于高效配置行政资源,提高行政复议工作效率。

适用简易程序的行政案件应当符合三个标准:一是事实清楚,二是权利义务关系明确,三是争议不大。所谓事实清楚,是指当事人提供的证据能够比较明确地证明争议事实的真相,行政复议机关在全面审核当事人的证据后就能查清案件的事实,而不需要进行大量的调查和取证工作。所谓权利义务关系明确,是指当事人之间的权利义务关系简单、清楚,双方争议的矛盾比较明确,行政争议的形成和发展过程也不太复杂。所谓争议不大,是指当事人对他们之间引起行政争议的事实、案件发生的原因、权利义务的归属等问题没有太大的争议。事实清楚、权利义务关系明确、争议不大相互关联,只有三者同时具备,才能说明案件简单,才可以适用简易程序。

关于适用简易程序的案件类型:第一类案件是被申请行政复议的行政行为是依法当场作出的案件。例如,《行政处罚法》第 51 条规定,违法事实确凿并有法定依据,对公民处以 200 元以下、对法人或者其他组织处以 3000 元以下罚款或者警告的行政处罚的,可以当场作出行政处罚决定。《治安管理处罚法》第 100 条规定,违反治安管理行为事实清楚,证据确凿,处警告或者 200 元以下罚款的,可以当场作出治安管理处罚决定。第二类案件是被申请行政复议的行政行为是警告或者通报批评。警告是指行政机关对公民、法人或其他组织违反行政管理法规的行为给予严肃告诫的一种行政处罚。从性质上分,警告属于申诫罚的一种。申诫罚是影响违法者声誉的处罚,是行政机关对行政违法人提出的谴责、警告,使其引起警惕,防止其继续违法的措施。通报批评是指行政机关对违法行为人在一定范围内通过书面批评加以谴责和告诫,指出其违法行为,避免其再犯。与警告一样,被归入申诫罚的范围内,与罚款等财产罚、能力罚和人身罚一同构成行政处罚的种类体系。而在行政处罚体系中,警告与通报批评是程度相对较轻的种类,因此行政复议机关审理此类案件也可以适用简易程序。第三类案件是涉及款额 3000 元以下的案件。如争议的罚款数额、抚恤金、最低生活保障金、社会保险金数额在 3000 元以下的案件,涉及查封、扣押、冻结的财物或者所争议的自然资源价值在2000元以下的案件等。第四类案件是政府信息公开案件。《政府信息公开条例》出台后，就政府信息公开不服提起行政复议的案件数量逐年增加，特别是近年来案件数量增长迅猛，甚至行政复议有被滥用的趋势。在审议过程中，有人员建议扩大简易程序的范围，将属于政府信息公开的案件纳入简易程序的适用范围，以节约司法资源。因此，简易程序的适用范围增加了属于政府信息公开的案件。

除了行政复议机关依职权可以适用简易程序外，当事人各方同意适用简易程序的，也可以适用简易程序。当事人选择适用简易程序，应当以当事人各方达成合意为前提。这里的"当事人各方"包括了申请人、被申请人和第三人，只有各方都同意适用简易程序的，才可以适用。

关联法规

《行政处罚法》第51条

第五十四条　【简易程序的答辩期限】适用简易程序审理的行政复议案件，行政复议机构应当自受理行政复议申请之日起三日内，将行政复议申请书副本或者行政复议申请笔录复印件发送被申请人。被申请人应当自收到行政复议申请书副本或者行政复议申请笔录复印件之日起五日内，提出书面答复，并提交作出行政行为的证据、依据和其他有关材料。

适用简易程序审理的行政复议案件，可以书面审理。

条文注释

本条是关于简易程序被申请人答辩期限的规定。

与普通程序相比，简易程序的审理更为迅速。行政复议机构应当自复议申请受理之日起3日内，向被申请人送达有关受理的文书，该期限比普通程序少了4日。同时，为适应简易程序的特点，还允许实行书面审理。

第五十五条 【简易程序与普通程序的转换】适用简易程序审理的行政复议案件,行政复议机构认为不宜适用简易程序的,经行政复议机构的负责人批准,可以转为普通程序审理。

条文注释

本条是关于简易程序转为普通程序的规定。本条为2023年修改《行政复议法》时新增加的内容。

行政复议机构在适用简易程序审理案件的过程中,发现案件不宜适用简易程序的,可以决定转为普通程序。行政复议机构确定对行政复议案件适用简易程序后,在审理过程中,发现案件存在原来没有发现的不宜适用简易程序的情形,或者出现了不宜再适用简易程序的情形的,可以裁定转为普通程序。适用简易程序审理的行政案件,在审理过程中可能出现情况变化导致案情复杂的情形,也可能出现行政复议机构在审理过程中发现原来认为事实清楚、权利义务关系明确、争议不大的案件其实案情复杂的情形,对于这类因客观情况变化或者主观认识变化而不宜再适用简易程序的案件,可以转为普通程序。行政复议机构决定转为普通程序的,应当及时通知当事人。

第五节 行政复议附带审查

第五十六条 【复议机关对规范性文件的处理】申请人依照本法第十三条的规定提出对有关规范性文件的附带审查申请,行政复议机关有权处理的,应当在三十日内依法处理;无权处理的,应当在七日内转送有权处理的行政机关依法处理。

条文注释

本条是关于申请人对行政机关制定的规范性文件提出附带审查申请,以及行政复议机关对规范性文件的处理的规定。

行政机关制定和发布规范性文件,不是针对特定人或特定事的,而是在一定地区和一定时间内产生普遍效力并可反复适用的规章以下的抽象行政行为。本条确定了两步走的规则。行政复议机关对该规范性文件有权处理的,应当在30日内处理完毕。这里所讲的有权处理,是指行政复议机关可以直接予以撤销、改变或者责令改正的情况。行政复议机关对规范性文件无权处理的,应当在7日内转送有权处理的其他行政机关。这里所讲的无权处理,是指依法应当由上级行政机关或其他行政机关决定撤销、改变或者责令改正的情况。

第五十七条 【对行政行为依据的审查】行政复议机关在对被申请人作出的行政行为进行审查时,认为其依据不合法,本机关有权处理的,应当在三十日内依法处理;无权处理的,应当在七日内转送有权处理的国家机关依法处理。

条文注释

本条是关于行政复议机关对作出行政行为的依据的审查的规定。

本条规定的审查范围不仅包括规章以下的规范性文件,还包括规章以上的法律规范。按照本条规定,这涉及行政复议机关依职权主动启动对规范性文件的审查程序。行政复议机关自己发现被申请人作出的行政行为的依据不合法的,其可能有权处理,也可能无权处理,对于这两种不同的情况,复议机关的处理期限都有明确规定。行政复议机关有权处理的,应当30日内对规范性文件作出处理;行政复议机关无权处理的,应在7日内转送有权处理的国家机关依法处理。

本条对行政复议机关的处理时限作出规定,是为了保证行政复议案件能及时结案,避免申请人的权利受侵害后得不到及时的救济,造成案件久拖不决。根据以上情况还可以细分为两类处理方式:

(1)被申请人的行政行为是依据行政复议机关或行政复议机关下级行政机关发布的规范性文件作出的。这种情况属于行政复议机关“有权处理”的情况,应当自发现不合法情形之日起30日内依法处理,决定撤销、改变或者责令改正该规范性文件。

(2)被申请人的行政行为是依据行政复议机关上级机关或者行政复议机关不享有领导权、指导权的其他行政机关发布的规范性文件作出的。这种情况属于“无权处理”的情形,应当自发现不合法情形之日起7日内转送有权处理的国家机关依法处理。

第五十八条 【规范性文件或者依据的制定机关的书面答复】行政复议机关依照本法第五十六条、第五十七条的规定有权处理有关规范性文件或者依据的,行政复议机构应当自行政复议中止之日起三日内,书面通知规范性文件或者依据的制定机关就相关条款的合法性提出书面答复。制定机关应当自收到书面通知之日起十日内提交书面答复及相关材料。

行政复议机构认为必要时,可以要求规范性文件或者依据的制定机关当面说明理由,制定机关应当配合。

条文注释

本条是关于规范性文件或者依据的制定机关的书面答复的规定。

出现《行政复议法》第56条、第57条的情况,需要行政复议机关对作出行政行为的规范性行为、依据作出处理,从而会影响行政复议程序的正常进行,因此需要将行政复议中止。中止原因是要对规范性文件进行附带审查,那么有必要要求规范性文件、依据的制定机关自收到书面通知之日起10日内,就相关条款的合法性提出书面答复。

第五十九条 【规范性文件、依据的处理】行政复议机关依照本法第五十六条、第五十七条的规定有权处理有关规范性文件或者依据,认为相关条款合法的,在行政复议决定书中一并告知;认为相关条款超越权限或者违反上位法的,决定停止该条款的执行,并责令制定机关予以纠正。

条文注释

本条是关于行政复议机关对有关规范性文件或依据的处理的规定。

具体处理方式分两种情况：行政复议机关认为相关条款合法的，在行政复议决定书中一并告知；认为相关条款超越权限或者违反上位法的，决定停止该条款的执行，并责令制定机关限期撤销或修改。

第六十条　【复议转送机关的意见回复】依照本法第五十六条、第五十七条的规定接受转送的行政机关、国家机关应当自收到转送之日起六十日内，将处理意见回复转送的行政复议机关。

条文注释

本条是关于行政复议转送机关的意见回复的规定。

本条的转送机关，是指有权处理有关规范性文件或者依据的行政机关、国家机关。其应当自收到转送之日起60日内，将具体的处理意见告知原行政复议机关。《行政复议法》第56条、第57条中对行政复议机关无权处理的情况规定了转送期限，本条则对有权处理的国家机关、行政机关依法处理的时间作了规定。对作出行政行为的依据的处理情况比较复杂，为督促转送机关及时处理案件，通过意见回复的方式加强案件转送的全流程追踪，因此有时限要求。

第五章　行政复议决定

第六十一条　【复议决定的作出】行政复议机关依照本法审理行政复议案件，由行政复议机构对行政行为进行审查，提出意见，经行政复议机关的负责人同意或者集体讨论通过后，以行政复议机关的名义作出行政复议决定。

经过听证的行政复议案件，行政复议机关应当根据听证笔录、审查认定的事实和证据，依照本法作出行政复议决定。

提请行政复议委员会提出咨询意见的行政复议案件，行政复议机关应当将咨询意见作为作出行政复议决定的重要参考依据。

条文注释

本条是关于行政复议机关对复议案件作出决定的规定。

行政复议决定，是行政复议机关根据申请人的要求，按照行政复议审查的基本方式和程序，对行政行为的合法性、适当性依法进行审查后，适用法律、法规、规章，对有争议的行政行为作出的判断和处理。行政复议的全过程主要可以划分为两个阶段：第一个阶段是受理阶段，包括申请在内，其以行政复议机关正式受理而告一段落；第二个阶段是自受理至作出复议决定。本条是对第二个阶段的程序活动作出的原则规定。

首先，确定由行政复议机关内负责复议工作的机构来承担这项任务。如在各级人民政府中，行政复议机构是本级行政复议机关的内设单位，具体办理各项有关复议决定的具体事务，为行政复议机关作出决定提供意见参考。

其次，行政复议机构经过初步审查，要对复议案件的处理提出意见。这项工作是在完成初步审查的各项活动，行政复议机构要在调查的基础上形成结论。

最后，行政复议机构的意见上升为行政复议机关的决定。行政复议决定是复议机关的行为，提出意见是复议机构为作出复议决定而进行的前期或基础工作。按照本条规定，这个过程有两种形式：一种形式是行政复议机关负责人审查同意。行政复议机关的工作实行行政首长负责制，因此应由行政首长即机关负责人审查同意，形成机关的整体意见。另一种形式是集体讨论通过。其目的是促进行政首长决策而不是替代行政首长决策，最后的决定权仍然在于行政首长，即行政首长采纳集体通过的结论或不接受结论或接受其中的一种或几种意见，仍是行政首长行使职权的表现，体现的是行政复议机关的意志，是行政复议实质性的结果。

在一般案件基础上，本条就经过听证的行政复议案件、提请行政复议委员会提出咨询意见的行政复议案件作出详细规定。行政复议机关应当将咨询意见作为作出行政复议决定的重要参考依据。

关联法规

《工业和信息化部行政复议实施办法》第21条

第六十二条　【复议决定期限】适用普通程序审理的行政复议案件，行政复议机关应当自受理申请之日起六十日内作出行政复议决定；但是法律规定的行政复议期限少于六十日的除外。情况复杂，不能在规定期限内作出行政复议决定的，经行政复议机构的负责人批准，可以适当延长，并书面告知当事人；但是延长期限最多不得超过三十日。

适用简易程序审理的行政复议案件，行政复议机关应当自受理申请之日起三十日内作出行政复议决定。

条文注释

本条是关于行政复议机关作出决定的期限的规定。

作出行政复议决定的期限，是指行政复议机关在受理申请人提出的复议申请后，对被申请人的行政行为完成审查并作出复议结论的最长时间限制。为防止行政复议机关受理案件后迟迟不作出复议决定，本条专门规定作出复议决定的期限。依照本条第1款的规定，适用普通程序审理的行政复议案件，行政复议机关自受理复议申请之日起60日内就要作出复议决定，也就是说，60日内要完成整个复议工作。

根据本条规定，行政复议机关作出复议决定的期限有以下三种：第一，60日。一般情况下，行政复议机关自受理复议申请之日起60日内就要作出复议决定。第二，少于60日。适用于特别法规定的行政复议期限少于60日的情形。第三,长于60日。

本条还规定:“情况复杂,不能在规定期限内作出复议决定的,经行政复议机构的负责人批准,可以适当延长,并书面告知当事人;但是延长期限最多不得超过三十日。”“情况复杂”,是指案件本身情况复杂,如涉及的问题多,有较多实质性问题需要研究,需要更多的时间方能搞清楚,以及存在其他一些在法定期限内无法完成又必须完成的工作。“经行政复议机构的负责人批准”,是指由行政复议机构将情况写成书面报告,报请本机关负责分管行政复议工作的领导同意即为批准。行政复议机关应当注意不得以此为由变相延长复议期限。“延长期限最多不得超过三十日”,是指延长日期只能在30日内,可以是5日、10日,也可以是15日、25日,但不得多于30日;而且只能延长一次,不得多次延长。凡是延长复议期限的,应当书面通知申请人和被申请人,如果列有第三人,亦应予以通知。

第六十三条 【变更决定】行政行为有下列情形之一的,行政复议机关决定变更该行政行为:

(一)事实清楚,证据确凿,适用依据正确,程序合法,但是内容不适当;

(二)事实清楚,证据确凿,程序合法,但是未正确适用依据;

(三)事实不清、证据不足,经行政复议机关查清事实和证据。

行政复议机关不得作出对申请人更为不利的变更决定,但是第三人提出相反请求的除外。

条文注释

本条是关于行政复议决定变更行政行为的规定。

本法强化了行政复议决定体系,细化了变更决定的适用情形,调整了决定顺序。变更是行政复议机关处理复议申请时,对行政行为查清情况之后,按照事实和法律的要求,全部或者部分改变原行政行为。从本质上说,变更是行政复议机关按照《地方各级人民代表大会和地方各级人民政府组织法》规定行使的行政权,用以改变下级的不当行为。它与撤销的基本区别在于,它是行政复议机关直接对原行政行为进行调整,从而直接参与了对于相对人的行政管理活动。变更的行政复议决定不再接受行政复议机关的上级机关审查,而直接接受审判机关的监督。行政复议机关决定变更行政行为时,该行为应存在本条所规定的三种情形。另外,行政复议机关一般不作出对申请人更为不利的变更决定,除非第三人提出相反的请求。

关联法规

《国家食品药品监督管理总局行政复议办法》第 18 条;《海关行政复议办法》第 71 条

第六十四条　【撤销决定】行政行为有下列情形之一的,行政复议机关决定撤销或者部分撤销该行政行为,并可以责令被申请人在一定期限内重新作出行政行为:

(一)主要事实不清、证据不足;

(二)违反法定程序;

(三)适用的依据不合法;

(四)超越职权或者滥用职权。

行政复议机关责令被申请人重新作出行政行为的,被申请人不得以同一事实和理由作出与被申请行政复议的行政行为相同或者基本相同的行政行为,但是行政复议机关以违反法定程序为由决定撤销或者部分撤销的除外。

条文注释

本条是关于行政复议机关撤销行政行为决定的规定。

撤销是取消已经发生的行政行为,表明被撤销的行为自撤销之日起已不存在,它在形式是属于在法律上可撤销的行为,但在行政法中由于行政行为自发生之日起即已有法律效力,撤销是基于认为该行为违法而最终决定的，因此被撤销的行为自作出之日即无效力，据此可理解为类似于宣告无效的性质。

行政复议机关在四种情形下可以撤销行政行为。第一种情形是主要事实不清、证据不足。行政管理具有单方强制性的特点，一经作出即发生法律效力。如果在复议中发现该行为所涉及的事实不清，证据不足，就无法证明该行为是正确的、有效的，是法律规范在实际生活中的具体体现。应当强调的是这种情况要求“主要”事实不清。主要事实应当理解为决定该行政行为性质的事实。第二种情形是违反法定程序。程序是行政行为得以正确作出的技术保证和必要条件，如果违反操作程序，可能因遗漏工作环节而导致结果错误，还可能导致对法律秩序的损害，因此必须予以纠正。第三种情形是适用依据不合法。这里的依据主要是指法律、法规和规章等法律规范。第四种情形是超越职权或者滥用职权。超越职权是指行政行为的内容已经超出该机关由法律明文规定的职责权限。滥用职权是指行政机关在自己的职权限内，行使自由裁量权时的随意行为。在这种情况下，该机关虽然在自己的权限内作出行政行为，但由于其程度与事实不相符，或者畸轻，或者畸重，形成了滥用。超越和滥用职权行为都是侧重于行政机关本身运用权力的能力的评价，不同于前三种是对行为内容是否合法合理的评价。另外，与撤销决定相配套适用的，可以责令被申请人在一定期限内重新作出行政行为。

关联法规

《住房城乡建设行政复议办法》第31条

第六十五条　【确认违法决定】行政行为有下列情形之一的，行政复议机关不撤销该行政行为，但是确认该行政行为违法：

（一）依法应予撤销，但是撤销会给国家利益、社会公共利益造成重大损害；

（二）程序轻微违法，但是对申请人权利不产生实际影响。

行政行为有下列情形之一，不需要撤销或者责令履行的，行政复议机关确认该行政行为违法：

（一）行政行为违法，但是不具有可撤销内容；

（二）被申请人改变原违法行政行为，申请人仍要求撤销或者确认该行政行为违法；

（三）被申请人不履行或者拖延履行法定职责，责令履行没有意义。

条文注释

本条是关于行政复议确认违法决定的规定。

行政复议确认违法决定，是指以复议决定的形式，明确认定被复议的行政行为违法，从而否定该行为的合法性。作出确认决定的情形，是原行政行为确实构成违法，但由于客观情形变化使撤销、变更已经没有实际意义，或者撤销、变更将严重损害公共利益。

按照行政法原理，行政行为一经作出即具有法律效力，非经原行政机关、上级机关或司法机关依法撤销或者变更，始终具有法律效力。确认该行政行为违法就是变动的途径之一，由于存在撤销、变更的纠正途径，确认违法的情况相对少于前两种途径，主要适用于前两种决定形式可以处理的行为以外的其他作为的行政行为和不作为行政行为，并且为责令重新作出行政行为创造前提条件。确认违法是《行政复议法》新设定的决定方式，有一条是明确的，即可以作出撤销、变更决定的，原则上不宜以确定违法来解决。

实践中，为应对一些行政行为违法但不宜或者不能适用撤销、履行职责等决定的情形，创设了确认违法决定。考虑到确认违法决定有利于丰富决定形式，增强行政复议的科学性和可执行性，此次修法予以增加。适用确认违法决定需坚持两个原则：一是确认违法决定是撤销决定、履行职责决定的补充，不是主要的决定形式；二是确认违法决定必须符合法定条件，法定条件要严格把握。

适用确认违法决定的情形有：第一，行政行为依法应当撤销，但撤销行政行为会给国家利益、社会公共利益造成重大损害。这种情形下，行政复议机关需要衡量撤销违法行政行为与国家利益、社会公共利益两项法益，如果前者小于后者，撤销违法行政行为会给国家利益、社会公共利益造成重大损害，不能适用撤销决定，而只能适用确认违法决定；反之，则不能适用确认违法决定。第二，行政行为程序轻微违法，但对申请人权利不产生实际影响。行政行为违反法定程序，应当撤销。这里的"违反法定程序"包括程序轻微违法。程序轻微违法但对申请人权利不产生实际影响的，如果决定撤销，只会是重做一遍行政行为，结果不会变，对申请人程序权利也没有大的损害，因此从行政成本和经济考虑，不宜撤销该行政行为，但仍需对该行政行为予以否定性评价，决定确认其违法。第三，行政行为违法，但不具有可撤销内容。这主要是针对违法的事实行为。事实行为实际影响当事人的利益却不为当事人设定权利义务，如殴打行为不具有可撤销内容。第四，被申请人改变原违法行政行为，申请人仍要求撤销或确认原行政行为违法。被申请人改变原违法行政行为，该行政行为已经不存在，为了保护当事人合法权益，《行政复议法》仍允许当事人提起复议，但已经无行政行为可撤销，只能作出确认违法决定。第五，被申请人不履行或者拖延履行法定职责，责令履行没有意义。在一些要求行政机关履行保护的法定职责的案件中，由于申请人的请求时效性很强，时过境迁再去履行已无条件或者无任何实际意义，此时不宜责令履行法定职责，确认违法决定更为妥当。

关联法规

《行政诉讼法》第 74 条

第六十六条 【履行决定】被申请人不履行法定职责的，行政复议机关决定被申请人在一定期限内履行。

条文注释

本条是关于决定被申请人在一定期限内履行法定职责的规定。

设立各级行政机关是为了满足对社会行政管理职能的需要，每个行政机关都有特定的职权,这些职责权限主要由法律、法规予以规定,体现在该机关的日常工作中。如果该机关没有履行其应当履行的法定职责而被公民、法人或者其他组织申请行政复议,那么行政复议机关必须责令该机关在一定期限内履行职责。如果法律、法规明确规定了期限,则该期限应当是法律、法规明文规定的期限;如果法律、法规没有明确规定期限,则可以由复议机关根据实际情况规定期限。这种责令是带有指令性的,是上级机关对下级机关的命令,体现了上级机关领导下级机关的性质,被申请人不得拒绝或消极抵制,而应当立即按命令执行,否则就破坏了行政机关的统一政令,形成新的违法行为。

关联法规

《行政复议法实施条例》第 44 条;《住房城乡建设行政复议办法》第 34 条

第六十七条 【确认无效决定】行政行为有实施主体不具有行政主体资格或者没有依据等重大且明显违法情形,申请人申请确认行政行为无效的,行政复议机关确认该行政行为无效。

条文注释

本条是关于行政复议确认无效决定的规定。

2023 年修改《行政复议法》时增加了确认无效决定的规定,具有较强的前瞻性,主要有以下考虑:第一,增强行政复议制度的完备性、科学性。行政复议是为解决行政争议而建立的程序制度,能不能解决好行政争议,完备性、科学的决定方式起到很重要的作用。第二,有利于解决行政争议。2023 年修改《行政复议法》的目的之一是推动实质性解决行政争议。引入确认无效决定,有利于将一些重大且明显违法的无效行政行为纳入审查,防止将矛盾和争议推向社会。第三,有利于提高依法行政水平。将行政行为违法细分为一般违法和无效,将一些重大且明显违法的行政行为挑出来,进行更严格的审查,规定了更为不利的法律后果,对行政机关提出了更严的要求。

理解本条规定还要注意:一是确认无效决定的适用情形较少,不能成为常规化的决定形式。二是行政行为无效是自始无效,无须行政复议机关作出无效判断后才没有效力。当事人可以不受行政行为约束,不履行行政行为。行政行为无效属于实体法规则,按照实体从旧原则,该无效规定不具有溯及力。

第六十八条 【维持决定】行政行为认定事实清楚,证据确凿,适用依据正确,程序合法,内容适当的,行政复议机关决定维持该行政行为。

条文注释

本条是关于行政复议维持行政行为的决定的规定。

如果被申请复议的行政行为既合法又合理,行政机关应当作出维持决定,以维持原行政行为的法律效力。维持是指保持原行政行为,使其继续存在下去,其是对被申请复议的行政行为的充分肯定,同时也间接肯定了原行政行为所依据的规范性文件。具体来说,行政复议机关作出维持决定应当具备以下条件:

一是事实清楚,即行政行为所认定的事实在整体上是客观存在、没有疑义的,也是为各方所一致认同的;以及通过审查,提出的疑义是不存在的。

二是证据确凿。证据是证明事实客观存在的物质表现,其在足以证明事实存在的各个环节方面,使反驳不能成立时即为确凿。

三是适用依据正确。这是指行政行为所依据的正是其必须依据的法律、法规、规章和文件,保证事实与法律规范的适用有直接联系。适用超过有效期限、废止以及不是调整此类法律关系的法律规定作出的行政行为都不能视为"正确"。

四是程序合法。作为行政管理措施的有效组成部分,法律、法规对各类行政行为都规定了实行的先后次序,如行政处罚的程序一般为举报、立案、调查、听证、决定、执行等。如果违反了程序规定,将顺序颠倒或漏掉,都会导致该行为程序的不合法。

五是内容适当。内容指的是该行为所包含的权利义务。行政行为或者体现权利或表现为义务，往往是单一的，强制相对人必须接受的，其中有许多赋予行政机关可以在一定幅度内自主决定的，称为行政机关的自由裁量权。行政机关根据实际情况和个体差异确定行为的幅度，以适应行为所作的对象并取得预期效果的，是为适当。

应注意的是，行政复议机关如果要作出对原行政行为的维持决定，上述五项条件必须同时具备，缺一不可。

关联法规

《行政复议法实施条例》第43条；《交通运输行政复议规定》第18条

第六十九条 【驳回请求决定】行政复议机关受理申请人认为被申请人不履行法定职责的行政复议申请后，发现被申请人没有相应法定职责或者在受理前已经履行法定职责的，决定驳回申请人的行政复议请求。

条文注释

本条是关于驳回行政复议请求的规定。

考虑到设置不同决定形式的必要性，2023年修改《行政复议法》时丰富了行政复议决定形式，增加了驳回申请人请求决定的形式。2023年修改《行政复议法》时要求增加驳回申请人请求的建议很强烈，这一意见被采纳的主要理由是：维持复议决定不能涵括一些实际情况，而驳回请求可适用范围更宽。如不作为案件中不作为并未违法，不宜用维持决定。

关于驳回申请人请求决定的适用条件，本条规定了驳回申请人请求的适用情形：行政复议机关受理申请人认为被申请人不履行法定职责的行政复议申请后，发现被申请人没有相应法定职责或者在受理前已经履行法定职责的，决定驳回申请人的行政复议请求。

第七十条　【被申请人不承担举证责任的后果】被申请人不按照本法第四十八条、第五十四条的规定提出书面答复、提交作出行政行为的证据、依据和其他有关材料的，视为该行政行为没有证据、依据，行政复议机关决定撤销、部分撤销该行政行为，确认该行政行为违法、无效或者决定被申请人在一定期限内履行，但是行政行为涉及第三人合法权益，第三人提供证据的除外。

条文注释

本条是关于被申请人不承担举证责任承担不利后果的规定。

根据举证责任的规则，只有当举证方提出充分的举证，才不会面临"败诉"（行政行为被否定）的后果，行政复议机关将视情况作出撤销、部分撤销、确认违法、确认无效或者要求履行等决定。本条规定的例外情形是，涉及第三人合法权益，第三人提供证据的，将在这个层面对举证责任进行豁免。

关联法规

《行政复议法实施条例》第46条

第七十一条　【行政协议履行及补偿决定】被申请人不依法订立、不依法履行、未按照约定履行或者违法变更、解除行政协议的，行政复议机关决定被申请人承担依法订立、继续履行、采取补救措施或者赔偿损失等责任。

被申请人变更、解除行政协议合法，但是未依法给予补偿或者补偿不合理的，行政复议机关决定被申请人依法给予合理补偿。

条文注释

本条是关于行政协议履行及补偿决定的规定。

2023年修改《行政复议法》时将行政协议纳入了行政复议范围，

并针对性规定了行政复议机关作出决定的规则。行政协议作为行政管理新方式运用得越来越多,具有明显的行政管理色彩,为防止行政遁入私法的弊端,以及为了更好地解决行政争议,将因订立、履行、解除、变更这些协议发生的争议纳入行政复议解决是必要的。由于行政复议是对行政行为合法性、适当性进行认定,难以适用《行政复议法》中的履行决定、撤销决定等,或者撤销、变更判决,因此有必要增加一类相应的决定形式,即行政协议履行及补偿决定。

被申请人不履行行政协议的情形主要有四类:不依法订立、不依法履行、未按照约定履行或者违法变更、解除行政协议。这四类情形基本涵括了行政机关违约的全部情形。不依法订立,主要是指行政机关拒绝订立行政协议。不依法履行,主要是指行政机关拒绝履行行政协议。未按照约定履行,是指行政机关履行了行政协议,但未完全按照行政协议的约定履行,需要承担相应的违约责任。违法变更、解除行政协议,是指行政机关违法单方变更、解除行政协议。据此,行政复议机关审查行政协议争议,不仅要审查其合法性、适当性,而且要审查其合合约性,即合约性是合同性的一面。

关联法规

《行政诉讼法》第78条

第七十二条 【行政赔偿】申请人在申请行政复议时一并提出行政赔偿请求,行政复议机关对依照《中华人民共和国国家赔偿法》的有关规定应当不予赔偿的,在作出行政复议决定时,应当同时决定驳回行政赔偿请求;对符合《中华人民共和国国家赔偿法》的有关规定应当给予赔偿的,在决定撤销或者部分撤销、变更行政行为或者确认行政行为违法、无效时,应当同时决定被申请人依法给予赔偿;确认行政行为违法的,还可以同时责令被申请人采取补救措施。

申请人在申请行政复议时没有提出行政赔偿请求的,行政复议机关在依法决定撤销或者部分撤销、变更罚款,撤销或者部分撤销违法集资、没收财物、征收征用、摊派费用以及对财产的查封、扣押、冻结等行政行为时，应当同时责令被申请人返还财产，解除对财产的查封、扣押、冻结措施，或者赔偿相应的价款。

条文注释

本条是关于行政复议过程中有关行政赔偿内容的规定。

行政赔偿，是指行政机关及其工作人员在执行职务，行使行政管理职权的过程中，因违法给公民、法人或其他组织造成损害，而承担责任并给予经济赔偿的制度。行政复议中的赔偿决定分为依申请的一并赔偿决定和依职权的径行赔偿决定。

本条第 1 款的规定与《国家赔偿法》的规定是一致的。《国家赔偿法》第 9 条第 2 款规定："赔偿请求人要求赔偿，应当先向赔偿义务机关提出，也可以在申请行政复议或者提起行政诉讼时一并提出。"这项规定赋予了申请人在行政复议中提出赔偿请求的权利。行政赔偿包括在行政复议中发生的赔偿，需要经过以下程序：一是赔偿请求人向义务机关提出赔偿请求；二是赔偿义务机关根据请求确认是否存在应予赔偿的情形；三是如果需要赔偿，决定赔偿数额。

本条第 2 款规定了行政复议机关主动履行保护公民、法人合法权益的职责，对特定的被确认为违法的行为决定予以赔偿的责任。如果申请人提出复议申请时没有同时提出赔偿请求，特定情况下行政复议机关可以履行决定赔偿的职能，这种职能的主动行使不是全方位的，而是特定的，即有以下情形时可以发生：一是决定撤销或变更罚款时；二是决定撤销没收财物的处罚行为时；三是决定撤销违法集资、征收征用、摊派费用等履行义务行为的要求时；四是决定解除对财产的查封、扣押、冻结的行政强制措施行为时。对除上述之外的其他违法行为虽然可以依法决定撤销、变更或确认违法并责令重作行为，但不能以行政复议机关的名义，在申请人未提出赔偿申请的情况下，主动决定给予赔偿。对符合上述条件决定撤销、变更的行政行为可以采取三类措施补救：第一类是责令被申请人返还财产，这主要适用于没收财物、罚款等。第二类是解除强制措施。如果行政机关实施的强制措施被决定撤销，但原实施强制措施的行政机关不采取措施将查封、扣押、冻结的财产返还申请人或者第三人，会在行政复议决定和实际状况之间形成中断，不利于问题的解决和错误的纠正。两类情况实质上是消除错误的行政行为。第三类是赔偿相应的价款，主要是指不能偿还原物以补偿相应损失时，应向申请人支付依照法律规定和实际情况确定的赔偿金额。

关联法规

《国家赔偿法》第9条

第七十三条　【行政复议调解书】当事人经调解达成协议的，行政复议机关应当制作行政复议调解书，经各方当事人签字或者签章，并加盖行政复议机关印章，即具有法律效力。

调解未达成协议或者调解书生效前一方反悔的，行政复议机关应当依法审查或者及时作出行政复议决定。

条文注释

本条是关于行政复议调解书的规定。

行政复议调解书和行政复议决定书具有相同的法律效力。行政复议机关组织双方进行调解，制作了行政复议调解书，并加盖了行政复议机关的公章，其效力类似于法院的调解书，对双方都具有法律约束力，因此其法律效力等同于行政复议决定的效力。

行政复议机关应当制作行政复议调解书。调解书应载明行政复议请求、事实、理由和调解结果，并加盖行政复议机关印章。行政复议调解书经双方行政相对人签字或者盖章，并加盖行政复议机关印章，即具有法律效力。调解未达成协议或者调解书生效前一方反悔的，行政复议机关应当依法审查或者及时作出行政复议决定。

第七十四条　【复议和解与撤回申请】当事人在行政复议决定作出前可以自愿达成和解，和解内容不得损害国家利益、社会公共利益和他人合法权益，不得违反法律、法规的强制性规定。

当事人达成和解后，由申请人向行政复议机构撤回行政复议申请。行政复议机构准予撤回行政复议申请、行政复议机关决定终止行政复议的，申请人不得再以同一事实和理由提出行政复议申请。但是，申请人能够证明撤回行政复议申请违背其真实意愿的除外。

条文注释

本条是关于行政复议和解与撤回申请的规定。

行政复议和解，是指在行政复议程序中，申请人与被申请人在行政复议机构面前就复议和解标的相互让步、达成妥协，以有效解决行政争议并终结行政复议程序的合意行为。行政复议和解申请人自愿与被申请人达成意思表示一致的行为。根据本条规定，是否准许申请人撤回申请，主要由行政复议机构准予。如此规定的理由是：(1)避免申请人撤回申请的随意性，防止浪费行政资源。(2)防止被申请人以欺骗、胁迫等非法手段使申请人撤回申请。

如果申请撤回申请违背申请人的真实意愿，申请人有权再以同一事实和理由提出行政复议申请，此时要求申请人能够证明撤回申请确实违背其真实意愿。行政复议申请撤回的时间，是案件受理之后，行政复议作出之前。申请人有权撤回已经提出的行政复议申请，但按照“一事不再理”原则，在撤回以后，不得再以同一事实和理由提出行政复议申请。

第七十五条　【行政复议决定书】行政复议机关作出行政复议决定，应当制作行政复议决定书，并加盖行政复议机关印章。

行政复议决定书一经送达，即发生法律效力。

条文注释

本条是关于行政复议决定书的规定。

本条对行政复议的形式作了规定，明确“应当制作行政复议决定书”。行政复议决定书是决定的载体，也是书面证明，决定书草稿应由复议机构草拟，作为意见的附件需一并报机关领导审定，如原则同意可在此稿基础上形成复议决定书。行政复议决定书应当包括以下内容：第一，申请人、被申请人以及第三人的自然状况，表明所涉及的权利义务主体的情况。第二，申请人申请行政复议的主要请求和理由，主要说明申请人的意见；被申请人的答复意见或态度。这一部分主要是客观归纳各方的基本意见，可以进行原则概括。第三，行政复议机关经过调查、复核、审议最终确认的事实、依据、理由。第四，复议结论。明确阐述复议机关对复议申请提出的问题和行政行为是否成立以及正确与否的具体意见。它是复议的最终结果，具有对下级行政机关的具体命令或指示的性质。第五，向申请人或第三人交待不服本决定的救济途径。第六，行政复议决定书应当加盖本机关印章。

本条第2款明确了行政复议决定书的法律效力。未经发出的行政复议决定书尚未发生法律效力；一旦发出，不论是同时发给各方，还是先发给某一方，立即发生法律效力。按照本条第2款规定可知，行政复议决定书不仅是机关的公文，还具有法律效力。因此，既要把复议决定书纳入行政机关公文管理范围，又不能仅仅将其视为公文。

关联法规

《税务行政复议规则》第83条；《水利部行政复议工作暂行规定》第11条；《海关行政复议办法》第77条

第七十六条　【行政复议意见书】行政复议机关在办理行政复议案件过程中，发现被申请人或者其他下级行政机关的有关行政行为违法或者不当的，可以向其制发行政复议意见书。有关机关应当自收到行政复议意见书之日起六十日内，将纠正相关违法或者不当行政行为的情况报送行政复议机关。

条文注释

本条是关于行政复议意见书的规定。

行政复议意见书，是指行政复议期间行政复议机关发现被申请人或者其他下级行政机关的有关行政行为违法或者不当的，向对方所制发的文书可以制作行政复议意见书。行政复议意见书是行政复议机构履行监督职责的重要体现，既指出了行政机关在法律法规、规章实施过程中存在的问题，又能指导行政行为，防止行政机关在以后的执法过程中犯相同错误，起到防患于未然的作用。相关行政复议意见书的对象，是被申请人或者其他下级行政机关。行政复议意见书主要用于行政复议机关督促下级行政机关纠正违法或者不当的相关行政行为，或者要求下级行政机关就个案做好善后工作；行政复议机关在审理案件过程中，发现被申请人或者其他下级行政机关的有关行政行为违法或者不当的，可以以行政复议机关名义下发。

行政复议意见书具有与行政复议决定书相近的法律效力，有关行政机关收到意见书后，必须严格按照要求立即纠正违法或者不当的行政行为，或者认真做好相关善后工作，并在收到之日起60日内将纠正违法行为或者不当行政行为的情况通报行政复议机构。如果不履行行政复议意见书的规定，可以依法追究相关责任人的法律责任。

理解行政复议意见书，需要与行政复议建议书结合起来。后者是指行政复议期间行政复议机关发现法律、法规、规章实施中有普遍性的问题，而制作的建议书的目的，是向有关机关提出完善和改进的建议。

关联法规

《行政复议法实施条例》第57条；《环境行政复议办法》第36条

第七十七条　【复议决定书、调解书、意见书的履行】被申请人应当履行行政复议决定书、调解书、意见书。

被申请人不履行或者无正当理由拖延履行行政复议决定书、调解书、意见书的，行政复议机关或者有关上级行政机关应当责令其限期履行，并可以约谈被申请人的有关负责人或者予以通报批评。

条文注释

本条是关于被申请人履行行政复议决定书、调解书、意见书的规定。

行政复议决定书、调解书、意见书一经送达即发生法律效力。作为行政复议机关的下级机关的被申请人，应当在收到相关文书之后开始履行决定。履行是指采取措施，实施复议决定的内容，如果是撤销或变更，应当对改变部分进行处理，如恢复原状，赔偿损失。未改变的部分在事实上已经确认的，也应当予以落实；如果确认违法并被责令重作行政行为，就要采取措施进入工作程序。这些均为履行的具体形式。

被申请人履行行政复议决定书、调解书、意见书，是该行政机关的法定职责，由于行政机关是上级领导下级的关系，即使被申请人对复议决定有不同意见，亦应按决定的内容办理，然后再以合适的方式，如报告、请示等向上级表示不同意见的内容，不可以采取置之不理的态度。不履行，是指明确表示不能执行复议决定或者不予理睬复议决定的内容，仍然按照自己的原来意愿去办理，或者仍然坚持原行政行为。无正当理由拖延履行的，是指被申请人坚持自己的意见不立即采取措施执行行政复议决定。对无正当理由延缓履行复议决定或者不履行的，行政复议机关或者有关机关都可以依照本条第 2 款规定，责令被申请人履行复议决定，并将责令和履行的情况上报或函告作出复议决定的机关。

责令限期履行的行政机关应当制作责令限期履行通知书。通知书应写明主送机关即被申请人、责令履行的复议决定内容、责令的法律依据、责令履行的期限、责令履行的形式，以及其他有关内容，并应以适当方式通知申请人。

2023年修改《行政复议法》时增设约谈或通报批评制度。被申请人不履行或者拖延履行行政复议决定，经责令限期履行仍不履行的，行政复议机关或者有关上级行政机关可以约谈行政机关的有关负责人或者予以通报批评。如果仍不履行的，行政复议机关或者有关上级行政机关可以约谈被申请人的有关负责人或者予以通报批评。

关联法规

《自然资源行政复议规定》第30条

第七十八条　【不履行复议决定书、调解书的处理】申请人、第三人逾期不起诉又不履行行政复议决定书、调解书的，或者不履行最终裁决的行政复议决定的，按照下列规定分别处理：

（一）维持行政行为的行政复议决定书，由作出行政行为的行政机关依法强制执行，或者申请人民法院强制执行；

（二）变更行政行为的行政复议决定书，由行政复议机关依法强制执行，或者申请人民法院强制执行；

（三）行政复议调解书，由行政复议机关依法强制执行，或者申请人民法院强制执行。

条文注释

本条是关于对申请人、第三人不履行行政复议决定书、调解书的处理的规定。

行政复议决定维持原行政行为的，申请人、第三人应当履行原决定的义务性内容；变更的，需要履行变更部分或未变更的原决定。撤销或确认违法以及责令重作行政行为的，因不涉及申请人义务，不存在申请人应当为一定行为、履行义务的问题。行政复议决定是行政行为，因此应当受到审判机关的监督，所以申请人、第三人认为行政复议决定违反法律规定或侵害了自己的合法权益，无论行政复议决定是维持、变更还是撤销等均可以向人民法院提起行政诉讼。

行政复议决定一经送达即发生法律效力。允许申请人等提起诉讼仍然是一种行政救济程序,即当事人可以提出异议,寻求法院依法保护的过程。行政复议决定在未被依法撤销之前始终具有效力,申请人必须履行。

申请人、第三人如果不能自动履行复议决定、调解书,行政机关可以采取两种方式强制其履行。第一种方式是由行政机关强制申请人执行,采用这种方式需依照各项法律规定进行。第二种方式是由行政复议机关向人民法院申请强制执行,这是目前强制执行的基本制度。人民法院收到申请后,要依照《行政诉讼法》和有关规定进行审查,符合法律规定的,要依法强制执行,以维护行政管理秩序;不符合法律规定的,则驳回申请。无论采用哪一种执行方式,具体执行的行政机关或行政复议机关要根据复议决定的结果来确定。如果维持了原行政行为,就要由作出原行政行为的机关即被申请人来强制执行或申请强制执行。如果行政复议决定变更了原行政行为,即使是部分变更,也要由行政复议机关来依法强制执行或向法院申请强制执行,以承担相应的责任。

适用要点

行政机关申请人民法院强制执行应具备什么条件?

行政机关申请人民法院强制执行其行政行为,应具备以下条件:(1)行政行为依法可以由人民法院执行;(2)行政行为已经生效并具有可执行的内容;(3)申请人是作出该行政行为的行政机关或法律、法规、规章授权的组织;(4)被申请人是该行政行为所确定的义务人;(5)被申请人在行政行为确定的期限内未履行义务;(6)申请人在法定期限内提出申请;(7)被申请执行的行政案件属于受理申请的人民法院管辖。

第七十九条　【行政复议决定书公开与复议决定、意见书抄告】行政复议机关根据被申请行政复议的行政行为的公开情况,按照国家有关规定将行政复议决定书向社会公开。

县级以上地方各级人民政府办理以本级人民政府工作部门为被申请人的行政复议案件，应当将发生法律效力的行政复议决定书、意见书同时抄告被申请人的上一级主管部门。

条文注释

本条是关于行政复议决定书公开与复议决定、意见书抄告制度的规定。

公开行政复议决定书可以有效地提升行政复议的公信力，这一点已被各地人民政府认同，很多地方已经通过通知、意见等形式的规范性文件对此加以鼓励和倡导。目前，已经有很多行政复议机关将行政复议决定书全文在互联网上进行了主动公开。从公开方式和内容看，行政机关最初是以提高文书写作水平和规范行政复议工作为目的，但如今在公开过程中，行政复议机关已经渐渐树立起以“公开促公平”和建设服务型政府的理念。行政复议决定上网公开，是适应政务公开大环境、推进行政复议规范化建设的客观需要。

2023年修改《行政复议法》的亮点之一是行政复议决定、意见书的抄告。行政复议机关将复议决定、意见书抄告对被申请人具有领导职责或者业务指导关系的上一级主管部门。将所有行政复议决定纳入抄告范围，有利于被申请人的上一级主管部门及时了解和掌握其下级部门的相关业务工作，增强指导监督被申请人依法行政的主动性。全面建立行政复议决定抄告制度，能够加强行政复议机关与被申请人上一级主管部门的沟通联动，对个案问题及时监督，共同指导监督被申请人依法行政，发挥部门层级监督指导在行政复议中的作用。

第六章　法律责任

第八十条　【复议机关不依法履行职责的处分】行政复议机关不依照本法规定履行行政复议职责，对负有责任的领导人员和直接责任人员依法给予警告、记过、记大过的处分；经有权监督的机关督促仍不改正或者造成严重后果的，依法给予降级、撤职、开除的处分。

条文注释

本条是关于行政复议机关不依照本法规定履行行政复议职责所应受到的处分的规定。

本条规定行政复议机关不依法履行职责所应承担的法律责任是行政责任。行政责任包括行政处罚和处分，本条主要涉及后者。处分适用于国家行政机关内部，是上级行政机关对有隶属关系的下级行政机关违反纪律的行为或者是尚未构成犯罪的轻微违法行为给予的纪律制裁。本条只规定了处分这一行政责任。行政复议机关违反《行政复议法》规定，不依照《行政复议法》规定履行行政复议职责，对负有责任的领导人员和直接责任人员依法给予警告、记过、记大过的处分；经有权监督的机关督促仍不改正或者造成严重后果的，依法给予降级、撤职、开除的处分。

关联法规

《公务员法》第62条

第八十一条　【渎职处罚】行政复议机关工作人员在行政复议活动中，徇私舞弊或者有其他渎职、失职行为的，依法给予警告、记过、记大过的处分；情节严重的，依法给予降级、撤职、开除的处分；构成犯罪的，依法追究刑事责任。

条文注释

本条是关于行政复议机关工作人员在行政复议活动中,徇私舞弊或者有其他渎职、失职的违法行为,所应承担的法律责任的规定。

本条主要对行政复议机关的工作人员徇私舞弊等渎职行为规定了法律责任。行政复议机关的工作人员,作为专门从事行政复议工作的国家公务人员,应当恪尽职守,依照《行政复议法》规定,认真履行职责,在行政复议工作的全部过程中,从行政复议申请的受理、审查到最后作出行政复议决定,都要依法履行好职责,决不能有任何渎职行为。行政复议机关工作人员在行政复议活动中的渎职行为主要有两类:一类是渎职、失职行为的行为,另一类是徇私舞弊的行为。行政复议机关工作人员徇私舞弊或者有其他渎职、失职行为的,违背了公务职责的公正性、廉洁性、勤勉性,妨碍了国家机关正常的职能活动,是损害公共利益的行为。

本条对行政复议机关的工作人员的违法行为规定了处分和刑事责任两种法律责任。其中刑事责任是依据国家刑事法律规定对实施犯罪行为的行为人所给予的处罚。刑罚是对实施犯罪行为的当事人给予的处罚。依照《刑法》规定,刑罚包括主刑和附加刑两种。主刑有:管制、拘役、有期徒刑、无期徒刑和死刑;附加刑有:罚金、剥夺政治权利和没收财产。此外,对于犯罪的外国人,可以独立适用或者附加适用驱逐出境。

关联法规

《监察法》第11条

第八十二条 【被申请人不提交答复、材料和阻挠他人申请复议的处罚】被申请人违反本法规定,不提出书面答复或者不提交作出行政行为的证据、依据和其他有关材料,或者阻挠、变相阻挠公民、法人或者其他组织依法申请行政复议的,对负有责任的领导人员和直接责任人员依法给予警告、记过、记大过的处分;进行报复陷害的,依法给予降级、撤职、开除的处分;构成犯罪的,依法追究刑事责任。

条文注释

本条是关于被申请人不提交答复、材料和阻挠他人申请复议应承担的法律责任的规定。

本条规定了三种违法行为:第一,被申请人不提出书面答复。第二,被申请人阻挠公民、法人或者其他组织依法申请行政复议。第三,被申请人对申请人、第三人等有关人员进行报复陷害。这里的被申请人的报复陷害对象主要有申请人、第三人和向行政复议机关提供情况的有关组织和人员。

对以上三种违法行为,本条规定了两种法律责任:行政责任和刑事责任。第一,行政责任。被申请人违反《行政复议法》规定,不提出书面答复或者不提交作出行政行为的证据、依据和其他有关材料,或者阻挠、变相阻挠公民、法人或者其他组织依法申请行政复议的,对负有责任的领导人员和其他直接责任人员依法给予警告、记过、记大过的处分;进行报复陷害的,依法给予降级、撤职、开除的处分。处分的种类有六种,从轻到重依次为警告、记过、记大过、降级、撤职、开除。第二,刑事责任。被申请人违反《行政复议法》规定,不提出书面答复或者不提交作出行政行为的证据、依据和其他有关材料,或者阻挠、变相阻挠公民、法人或者组织依法申请行政复议的,构成犯罪的,对负有责任的领导人员和其他直接责任人员依法追究刑事责任。

行政复议机关工作人员在行政复议工作中,无论是审查公民、法人或者其他组织的行政复议申请,还是调查取证、审查行政复议案件等,都应当严格依法公正行使权力、履行职责,不得失职,更不能徇私舞弊、贪赃枉法,否则将构成违法甚至犯罪,应承担法律责任。

关联法规

《刑法》第243条

第八十三条　【被申请人不履行、拖延履行复议决定、调解书、意见书的处罚】被申请人不履行或者无正当理由拖延履行行政复议决定书、调解书、意见书的,对负有责任的领导人员和直接责任人员依法给予警告、记过、记大过的处分;经责令履行仍拒不履行的,依法给予降级、撤职、开除的处分。

条文注释

本条是关于被申请人不履行或者无正当理由拖延履行行政复议决定、调解书、意见书的行为，相关人员所应承担的法律责任的规定。

实践中，一些行政机关不履行或者无正当理由拖延履行行政复议决定、调解书、意见书的情况时有发生，主要是行政复议机关经审查决定撤销、变更或者确认被申请人的行政行为违法，而被申请人不能正确对待，对行政复议决定采取抵制态度，不履行或者无正当理由拖延履行行政复议决定。根据本条的规定，行政机关接到行政复议决定后，必须在复议决定所规定的期限内予以履行，如拒不履行或者无正当理由拖延履行行政复议决定，负有责任的领导人员和直接责任人员应当承担相应的行政责任。从总体上看，通过规定处分，可以有效地防止不履行行政复议决定的违法行为的发生。

关联法规

《公职人员政务处分法》第7条

第八十四条 【故意扰乱行政复议工作秩序的法律责任】 拒绝、阻挠行政复议人员调查取证，故意扰乱行政复议工作秩序的，依法给予处分、治安管理处罚；构成犯罪的，依法追究刑事责任。

条文注释

本条是关于扰乱行政复议工作秩序所应承担的法律责任的规定。

2023年修改《行政复议法》时在法律责任部分增加了对拒绝、阻挠行政复议调查取证行为的追责条款，即阻挠行政复议调查取证将被追责。

关联法规

《行政复议法实施条例》第63条

第八十五条 【行政复议与监察机关、公职人员任免机关、单位的衔接】行政机关及其工作人员违反本法规定的,行政复议机关可以向监察机关或者公职人员任免机关、单位移送有关人员违法的事实材料,接受移送的监察机关或者公职人员任免机关、单位应当依法处理。

条文注释

本条是关于行政复议监督与纪检监察的衔接的规定。

行政复议机关在履行职责过程中,发现行政机关及其工作人员有违反《行政复议法》规定的,应当及时将相关问题线索移送监察机关依纪依法处理。监察,是指国家监察机关专门行使监督职权的公权机关及其公职人员,依法对人员行使行政权力的行为进行的监督和督察。本条规定意在通过加强与监察机关或者公职人员任免机关、单位的衔接,加强对行政机关及其工作人员的责任追究。

关联法规

《监察法》第34条

第八十六条 【职务违法犯罪问题线索的移送】行政复议机关在办理行政复议案件过程中,发现公职人员涉嫌贪污贿赂、失职渎职等职务违法或者职务犯罪的问题线索,应当依照有关规定移送监察机关,由监察机关依法调查处置。

条文注释

本条是关于职务违法犯罪问题线索的移送的规定。

监察机关是行使国家监察职能的专责机关,有权对所有行使公共权力的公职人员进行监察,调查职务违法和职务犯罪情况,开展廉政建设和反腐败工作。监察委员会依照法律规定独立行使监察权,不受行政机关、社会团体和个人的干涉。监察委员会依照《监察法》和有关法律规定履行监督、调查、处置职责。在行政复议工作中,如果公职人员涉嫌职务违法或者职务犯罪,监察机关应当进行调查,收集、调取被调查人有无违法犯罪以及情节轻重的证据,查明违法犯罪事实。

关联法规

《监察法》第36条

第七章　附　　则

第八十七条　【复议费用】行政复议机关受理行政复议申请,不得向申请人收取任何费用。

条文注释

本条是关于行政复议不收费原则的规定。

《行政复议法》明确规定行政复议不得收取任何费用。确定受理行政复议申请、作出行政复议决定是行政机关的法定职责,行政机关在受理并且办理行政复议的时候,不得以行政经费不足为由,向申请人收取任何费用。行政复议作为行政机关内部纠错活动,向申请人收取费用是不合理的。办理行政复议,有错必纠,本来就是行政机关应尽的责任,当然不应该向申请人收取费用,所需的经费理应在本机关正常的行政经费中列支,靠政府财政来保障。

适用要点

申请人是否应当支付鉴定费?

行政复议期间涉及专门事项需要鉴定的,当事人可以自行委托鉴定机构进行鉴定,也可以申请行政复议机关委托鉴定机构进行鉴定。鉴定费用由当事人承担。具体来说,鉴定费由提出鉴定的当事人先行垫付,行政复议案件审结后,该预付费用按规定处理:鉴定意见与原行政行为所依据的结论一致的,该项鉴定费由申请人承担;鉴定意见与原行政行为结论不一致,且经证明原结论错误的,该项鉴定费用由被申请人承担。

关联法规

《税务行政复议规则》第7条;《水利部行政复议工作暂行规定》第13条

第八十八条 【期间计算和文书送达】行政复议期间的计算和行政复议文书的送达,本法没有规定的,依照《中华人民共和国民事诉讼法》关于期间、送达的规定执行。

本法关于行政复议期间有关"三日"、"五日"、"七日"、"十日"的规定是指工作日,不含法定休假日。

条文注释

本条是关于行政复议期间和送达的规定。

1. 期间

在行政复议中,行政复议机关、申请人、被申请人及其他行政复议参加人,参加行政复议的行为都应该在一定的时间期限内完成,这种时间期限即为行政复议期间。行政复议期间,可以按不同的标准分为不同的种类。以期间是由法律直接规定,还是由行政复议机关指定为标准,可以将期间分为法定期间和指定期间。法定期间,是指由法律直接规定的期间,是基于某种法定事实的发生而开始的。指定期间,是指行政复议机关根据实际情况依职权指定进行某项具体行政复议事项的期间。在诉讼理论中,将类似的时间期限称为诉讼期间,而将当事人、其他诉讼参与人和人民法院会合进行诉讼行为的日期和时间称为期日。在行政复议中,期日与期间的划分,没有太大的实质意义。这里只明确一下期间的有关问题。《行政复议法》规定合理的行政复议期间的目的,在于保证行政复议主体及时地行使行政复议权利,履行法定义务,切实维护申请人的合法权益;在于节省时间和人力,提高行政效率,使复议工作毫不迟延地进行,使当事人之间的行政争议尽快得到解决,以维护行政机关正常的工作秩序;在于增强人们的法治观念,促使行政机关依法行政。

2. 送达

送达是行政复议机关按照法定的程序和方式,将依法制作的行政复议文书送交行政复议的申请人、被申请人和其他行政复议参加人的行为。行政复议中行政复议文书的送达与诉讼中诉讼文书的送达存在许多相通之处，按照本条规定，行政复议文书的送达依照《民事诉讼法》有关送达的规定执行。

3. 关于工作日的但书

本条第1款在规定了“行政复议期间的计算和行政复议文书的送达，本法没有规定的，依照《中华人民共和国民事诉讼法》关于期间、送达的规定执行”后，在第2款又规定了关于工作日的但书，将《行政复议法》关于行政复议期间有关“三日”“五日”“七日”“十日”的规定，明确为“是指工作日，不含法定休假日”。

第八十九条　【适用范围补充规定】外国人、无国籍人、外国组织在中华人民共和国境内申请行政复议，适用本法。

条文注释

本条是关于行政复议适用范围补充规定的规定，即涉外行政复议的规定。

外国人、无国籍人、外国组织在我国领域内进行行政复议，应当适用我国的《行政复议法》。本条是国家主权原则在行政复议中的体现。主权是一个国家对外的最高权力，行政机关依法行使的行政权是国家主权的重要组成部分。外国人、无国籍人、外国组织对我国行政机关和行政机关的工作人员的行政行为侵犯其合法权益的，有权依照我国《行政复议法》的规定申请行政复议。关于申请人的资格、管辖、审查程序等均适用我国《行政复议法》的规定。应注意，外国人、无国籍人、外国组织在中华人民共和国境内申请行政复议，要遵循平等原则。在我国领域内参加行政复议，也要根据对等原则进行管理。

第九十条　【施行时间】本法自2024年1月1日起施行。

条文注释

本条是关于2023年《行政复议法》的生效日期的规定。

本条规定的是修订后开始施行时间的规定，法律的施行时间是法律的生效时间。《立法法》第61条规定："法律应当明确规定施行日期。"法律从何时开始生效，一般根据该法律的性质和实际需要来决定。2023年修改的《行政复议法》对2017年《行政复议法》的内容进行重大而全面的调整，其生效时间重新计算，即自2024年1月1日起施行。

关联法规

《立法法》第61条

《中华人民共和国行政复议法》新旧对照[*]

2017 年《行政复议法》	2023 年《行政复议法》
第一章　总　　则	第一章　总　　则
第一条　为了防止和纠正违法的或者不当的~~具体~~行政行为，保护公民、法人和其他组织的合法权益，*保障和监督*行政机关依法行使职权，根据宪法，制定本法。	第一条　为了防止和纠正违法的或者不当的行政行为，保护公民、法人和其他组织的合法权益，*监督和保障*行政机关依法行使职权，**发挥行政复议化解行政争议的主渠道作用，推进法治政府建设**，根据宪法，制定本法。
第二条　公民、法人或者其他组织认为~~具体~~行政行为侵犯其合法权益，向行政机关提出行政复议申请，行政机关~~受理行政复议申请、作出行政复议决定~~，适用本法。	第二条　公民、法人或者其他组织认为**行政机关的**行政行为侵犯其合法权益，向行政**复议**机关提出行政复议申请，行政**复议**机关**办理行政复议案件**，适用本法。 **前款所称行政行为，包括法律、法规、规章授权的组织的行政行为。**

---

* 为了便于阅读，编者针对不同情况采取了特殊符号，统一说明如下：“黑体”的部分，为 2023 年《行政复议法》较 2017 年《行政复议法》新增的主要内容；“斜体”的部分，为字词的调整但表意不变的内容；“删除线”的部分，系较新法删除的主要内容。

续表

2017年《行政复议法》	2023年《行政复议法》
第*四*条 行政复议机关履行行政复议职责，应当遵循合法、公正、公开、~~及时~~、便民的原则，坚持有错必纠，保障法律、法规的正确实施。	第*三*条 **行政复议工作坚持中国共产党的领导。** 行政复议机关履行行政复议职责，应当遵循合法、公正、公开、**高效**、便民、**为民**的原则，坚持有错必纠，保障法律、法规的正确实施。
第三条*第一款第一项*、*第四项*、*第六项*、*第七项* 依照本法履行行政复议职责的行政机关是行政复议机关。*行政复议机关负责法制工作的机构*~~具体~~*办理行政复议事项，履行下列职责：* *（一）受理行政复议申请；* *（四）处理或者转送对本法第七条所列有关规定的审查申请；* （六）办理因~~不服行政复议决定提起~~行政~~诉讼的~~应诉事项； ~~（七）法律、法规规定的其他职责。~~	第*四*条 **县级以上各级人民政府以及其他**依照本法履行行政复议职责的行政机关是行政复议机关。 *行政复议机关办理行政复议事项的机构是行政复议机构。行政复议机构***同时组织**办理**行政复议机关的**行政应诉事项。 **行政复议机关应当加强行政复议工作，支持和保障行政复议机构依法履行职责。上级行政复议机构对下级行政复议机构的行政复议工作进行指导、监督。** **国务院行政复议机构可以发布行政复议指导性案例。**
	第五条 行政复议机关办理行政复议案件，可以进行调解。 **调解应当遵循合法、自愿的原则，不得损害国家利益、社会公共利益和他人合法权益，不得违反法律、法规的强制性规定。**
第三条*第二款* *行政机关*中初次从事行政复议的人员，应当通过国家统一法律职业资格考试取得法律职业资格。	第*六*条 **国家建立专业化、职业化行政复议人员队伍。** *行政复议机构*中初次从事行政复议**工作**的人员，应当通过国家统一法

续表

2017年《行政复议法》	2023年《行政复议法》
	律职业资格考试取得法律职业资格**,并参加统一职前培训**。 **国务院行政复议机构应当会同有关部门制定行政复议人员工作规范,加强对行政复议人员的业务考核和管理**。
第三十九条　……行政复议~~活动所需~~经费,应当列入本~~机关的行政经费,由~~本级~~财政予以保障~~。	第七条　**行政复议机关应当确保行政复议机构的人员配备与所承担的工作任务相适应,提高行政复议人员专业素质,根据工作需要保障办案场所、装备等设施。县级以上各级人民政府**应当将行政复议**工作**经费列入本级**预算**。
	第八条　行政复议机关应当加强信息化建设,运用现代信息技术,方便公民、法人或者其他组织申请、参加行政复议,提高工作质量和效率。
	第九条　对在行政复议工作中做出显著成绩的单位和个人,按照国家有关规定给予表彰和奖励。
第五条　公民、法人或者其他组织对行政复议决定不服的,可以依照行政诉讼法的规定向人民法院提起行政诉讼,但是法律规定行政复议决定为最终裁决的除外。	第十条　公民、法人或者其他组织对行政复议决定不服的,可以依照**《中华人民共和国**行政诉讼法》的规定向人民法院提起行政诉讼,但是法律规定行政复议决定为最终裁决的除外。

续表

2017 年《行政复议法》	2023 年《行政复议法》
第三章　行政复议申请	第二章　行政复议申请
第二章　行政复议范围	第一节　行政复议范围
第六条　有下列情形之一的,公民、法人或者其他组织可以依照本法申请行政复议: (一)对行政机关作出的~~警告、罚款、没收违法所得、没收非法财物、责令停产停业、暂扣或者吊销许可证、暂扣或者吊销执照、行政拘留等~~行政处罚决定不服的; (二)对行政机关作出的~~限制人身自由或者查封、扣押、冻结财产等~~行政强制措施决定不服的; (三)对行政机关作出的有关~~许可证、执照、资质证、资格证等证书变更、中止、撤销的~~决定不服的; (四)对行政机关作出的~~关于~~确认~~土地、矿藏、水流、森林、山岭、草原、荒地、滩涂、海域等~~自然资源的所有权或者使用权的决定不服的; (五)认为行政机关侵犯~~合法的~~经营自主权的; ~~(六)认为行政机关变更或者废止农业承包合同,侵犯其合法权益的;~~ (七)认为行政机关违法集资、征收财物、摊派费用或者违法要求履行其他义务的; ~~(八)认为符合法定条件,申请行政机关颁发许可证、执照、资质证、资格证等证书,或者申请行政机关审批、登记有关事项,行政机关没有依法办理的;~~	第十一条　有下列情形之一的,公民、法人或者其他组织可以依照本法申请行政复议: (一)对行政机关作出的行政处罚决定不服; (二)对行政机关作出的行政强制措施、**行政强制执行**决定不服; (三)**申请行政许可,行政机关拒绝或者在法定期限内不予答复,或者**对行政机关作出的有关**行政许可的其他**决定不服; (四)对行政机关作出的确认自然资源的所有权或者使用权的决定不服; **(五)**对行政机关作出的征收**征用决定及其补偿决定不服;** **(六)对行政机关作出的赔偿决定或者不予赔偿决定不服;** **(七)对行政机关作出的不予受理工伤认定申请的决定或者工伤认定结论不服;** (八)认为行政机关侵犯**其**经营自主权**或者农村土地承包经营权、农村土地经营权;** **(九)认为行政机关滥用行政权力排除或者限制竞争;** (十)认为行政机关违法集资、摊派费用或者违法要求履行其他义务; (十一)申请行政机关履行保护人

续表

2017 年《行政复议法》	2023 年《行政复议法》
（九）申请行政机关履行保护人身权利、财产权利、受教育权利的法定职责，行政机关*没有*依法履行**的**； （十）申请行政机关依法*发放*抚恤金、社会保险金或者最低生活保障费，行政机关没有依法*发放*的； （十一）认为行政机关的其他~~具体~~行政行为侵犯其合法权益的。	身权利、财产权利、受教育权利**等合法权益**的法定职责，行政机关**拒绝履行、***未*依法履行**或者不予答复**； （十二）申请行政机关依法*给付*抚恤金、社会保险**待遇**或者最低生活保障**等社会保障**，行政机关没有依法*给付*； **（十三）认为行政机关不依法订立、不依法履行、未按照约定履行或者违法变更、解除政府特许经营协议、土地房屋征收补偿协议等行政协议；** **（十四）认为行政机关在政府信息公开工作中侵犯其合法权益；** （十五）认为行政机关的其他行政行为侵犯其合法权益。
第*八*条　*不服行政机关作出的行政处分或者其他人事处理决定的，依照有关法律、行政法规的规定提出申诉。* *不服*行政机关对民事纠纷作出的调解*或者其他处理，依法申请仲裁或者向人民法院提起诉讼。*	第*十二*条　**下列事项不属于行政复议范围：** **（一）国防、外交等国家行为；** **（二）行政法规、规章或者行政机关制定、发布的具有普遍约束力的决定、命令等规范性文件；** （三）*行政机关对行政机关工作人员的奖惩、任免等决定；* （四）行政机关对民事纠纷作出的调解。
第*七*条　公民、法人或者其他组织认为行政机关的~~具体~~行政行为所依据的下列~~规定~~不合法，在对~~具体~~行政行为申请行政复议时，可以一并向行政复议机关提出对该~~规定~~的审查申请：	第*十三*条　公民、法人或者其他组织认为行政机关的行政行为所依据的下列**规范性文件**不合法，在对行政行为申请行政复议时，可以一并向行政复议机关提出对该**规范性文件**的**附带**审查申请：

续表

2017 年《行政复议法》	2023 年《行政复议法》
(一)国务院部门的规定; (二)县级以上地方各级人民政府及其工作部门的规定; (三)乡、镇人民政府的规定。 前款所列规定不含~~国务院部、委员会规章和地方人民政府~~规章。规章的审查依照法律、行政法规办理。	(一)国务院部门的**规范性文件**; (二)县级以上地方各级人民政府及其工作部门的**规范性文件**; (三)乡、镇人民政府的**规范性文件**; **(四)法律、法规、规章授权的组织的规范性文件。** 前款所列**规范性文件**不含规章。规章的审查依照法律、行政法规办理。
	第二节　行政复议参加人
第*十*条*第一款、第二款*　依照本法申请行政复议的公民、法人或者其他组织是申请人。 有权申请行政复议的公民死亡的,其近亲属可以申请行政复议。有权申请行政复议的公民为无民事行为能力人或者限制民事行为能力人的,其法定代理人可以代为申请行政复议。有权申请行政复议的法人或者其他组织终止的,*承受*其权利*的法人或者其他组织*可以申请行政复议。	第*十四*条　依照本法申请行政复议的公民、法人或者其他组织是申请人。 有权申请行政复议的公民死亡的,其近亲属可以申请行政复议。有权申请行政复议的法人或者其他组织终止的,其权利**义务***承受*人可以申请行政复议。 有权申请行政复议的公民为无民事行为能力人或者限制民事行为能力人的,其法定代理人可以代为申请行政复议。
	第十五条　同一行政复议案件申请人人数众多的,可以由申请人推选代表人参加行政复议。 **代表人参加行政复议的行为对其所代表的申请人发生效力,但是代表人变更行政复议请求、撤回行政复议申请、承认第三人请求的,应当经被代表的申请人同意。**

续表

2017 年《行政复议法》	2023 年《行政复议法》
第十条*第三款*　同申请行政复议的~~具体~~行政行为有利害关系的~~其他~~公民、法人或者其他组织，可以作为第三人参加行政复议。	第十六条　**申请人以外的**同被申请行政复议的行政行为**或者行政复议案件处理结果**有利害关系的公民、法人或者其他组织，可以作为第三人**申请**参加行政复议，**或者由行政复议机构通知其作为第三人参加行政复议**。 **第三人不参加行政复议，不影响行政复议案件的审理。**
第十条*第五款*　申请人、第三人可以委托代理人代为参加行政复议。	第十七条　申请人、第三人可以委托**一至二名律师、基层法律服务工作者或者其他**代理人代为参加行政复议。 **申请人、第三人委托代理人的，应当向行政复议机构提交授权委托书、委托人及被委托人的身份证明文件。授权委托书应当载明委托事项、权限和期限。申请人、第三人变更或者解除代理人权限的，应当书面告知行政复议机构。**
	第十八条　符合法律援助条件的行政复议申请人申请法律援助的，法律援助机构应当依法为其提供法律援助。
第十条*第四款*　公民、法人或者其他组织对行政~~机关的具体行政~~行为不服申请行政复议的，作出~~具体~~行政行为的行政机关是被申请人。	第十九条　公民、法人或者其他组织对行政行为不服申请行政复议的，作出行政行为的行政机关**或者法律、法规、规章授权的组织**是被申请人。 **两个以上行政机关以共同的名义作出同一行政行为的，共同作出行政行为的行政机关是被申请人。**

续表

2017 年《行政复议法》	2023 年《行政复议法》
	行政机关委托的组织作出行政行为的，委托的行政机关是被申请人。 **作出行政行为的行政机关被撤销或者职权变更的，继续行使其职权的行政机关是被申请人。**
	第三节　申请的提出
第九条　公民、法人或者其他组织认为~~具体~~行政行为侵犯其合法权益的，可以自知道该~~具体~~行政行为之日起六十日内提出行政复议申请；但是法律规定的申请期限超过六十日的除外。 因不可抗力或者其他正当理由耽误法定申请期限的，申请期限自障碍消除之日起继续计算。	第二十条　公民、法人或者其他组织认为行政行为侵犯其合法权益的，可以自知道**或者应当知道**该行政行为之日起六十日内提出行政复议申请；但是法律规定的申请期限超过六十日的除外。 因不可抗力或者其他正当理由耽误法定申请期限的，申请期限自障碍消除之日起继续计算。 **行政机关作出行政行为时，未告知公民、法人或者其他组织申请行政复议的权利、行政复议机关和申请期限的，申请期限自公民、法人或者其他组织知道或者应当知道申请行政复议的权利、行政复议机关和申请期限之日起计算，但是自知道或者应当知道行政行为内容之日起最长不得超过一年。**
	第二十一条　因不动产提出的行政复议申请自行政行为作出之日起超过二十年，其他行政复议申请自行政行为作出之日起超过五年的，行政复议机关不予受理。

续表

2017 年《行政复议法》	2023 年《行政复议法》
第十一条　申请人申请行政复议，可以书面申请，也可以口头申请；口头申请的，行政复议机关应当当场记录申请人的基本情况、行政复议请求、申请行政复议的主要事实、理由和时间。	第二十二条　申请人申请行政复议，可以书面申请；**书面申请有困难的，**也可以口头申请。 **书面申请的，可以通过邮寄或者行政复议机关指定的互联网渠道等方式提交行政复议申请书，也可以当面提交行政复议申请书。行政机关通过互联网渠道送达行政行为决定书的，应当同时提供提交行政复议申请书的互联网渠道。** 口头申请的，行政复议机关应当当场记录申请人的基本情况、行政复议请求、申请行政复议的主要事实、理由和时间。 **申请人对两个以上行政行为不服的，应当分别申请行政复议。**
第三十条第一款　~~公民、法人或者其他组织认为~~行政机关的~~具体行政行为~~侵犯其已经依法取得的~~土地、矿藏、水流、森林、山岭、草原、荒地、滩涂、海域等~~自然资源的所有权或者使用权的，应当先申请行政复议；对行政复议决定不服的，可以依法向人民法院提起行政诉讼。 *第十六条第一款*　……~~或者~~法律、法规规定应当先向行政复议机关申请行政复议、对行政复议决定不服再向人民法院提起行政诉讼的，~~在法定行政复议期限内不得向人民法院提起行政诉讼~~。	第二十三条　**有下列情形之一的，申请人**应当先**向行政复议机关**申请行政复议，对行政复议决定不服的，可以**再**依法向人民法院提起行政诉讼： **（一）对当场作出的行政处罚决定不服；** （二）对行政机关**作出**的侵犯其已经依法取得的自然资源的所有权或者使用权的**决定不服；** **（三）认为行政机关存在本法第十一条规定的未履行法定职责情形；** **（四）申请政府信息公开，行政机关不予公开；** **（五）**法律、行政法规规定应当先

续表

2017 年《行政复议法》	2023 年《行政复议法》
	向行政复议机关申请行政复议的**其他情形**。 **对前款规定的情形,行政机关在作出行政行为时应当告知公民、法人或者其他组织先向行政复议机关申请行政复议。**
	第四节　行政复议管辖
第十二条第一款　对县级以上地方各级人民政府工作部门的~~具体~~*行政行为不服的,*~~由申请人选择,~~*可*以向该部门的本级人民政府申请行政复议,*也可以向上一级主管部门申请行政复议*。 第十三条　对地方各级人民政府的~~具体~~行政行为不服的,向上一级地方人民政府申请行政复议。 *对省、自治区人民政府依法设立的派出机关所属的县级地方人民政府的*~~具体~~*行政行为不服的,*~~向该派出机关申请行政复议~~。 *第十五条　对本法第十二条、第十三条、第十四条规定以外的其他行政机关、组织的*~~具体~~*行政行为不服的,按照下列规定申请行政复议:* *(一)对县级以上地方人民政府*依法设立的派出机关的*具体*行政行为不服的,*向设立该派出机关的人民政府申请行政复议;*	*第二十四条第一款、第三款、第四款*　**县级以上地方各级人民政府管辖下列行政复议案件:** (一)对**本级**人民政府工作部门作出的行政行为不服的; *(二)对下一级人民政府作出的行政行为不服的;* (三)对**本级**人民政府依法设立的派出机关**作出的**行政行为不服的; (四)对**本级人民政府或者其工作部门管理**的法律、法规、**规章**授权的组织**作出**的行政行为不服的。 **省、自治区人民政府依法设立的派出机关参照设区的市级人民政府的职责权限,管辖相关行政复议案件。** 对县级以上地方各级人民政府工作部门依法设立的派出机构依照法律、法规、规章规定,以**派出机构**的名义作出的行政行为不服的**行政复议案件**,由本级人民政府管辖;**其中,对直辖市、设区的市人民政府工作部门按照行政区划设立的派出机构作出的行政行为不服的,也可以由其所在地的人民政府管辖。**

续表

2017 年《行政复议法》	2023 年《行政复议法》
*（二）*对政府工作部门依法设立的派出机构依照法律、法规*或者*规章规定，以*自己*的名义作出的~~具体~~行政行为不服的，*向*~~设立该派出机构的部门或者~~*该部门的*本级~~地方~~人民政府申请行政复议； *（三）*对法律、法规授权的组织的~~具体~~行政行为不服的，*分别向直接管理该组织的地方人民政府*、~~地方人民政府工作部门或者国务院部门~~*申请行政复议；* *（四）*~~对两个或者两个以上行政机关以共同的名义作出的具体行政行为不服的，向其共同上一级行政机关申请行政复议；~~ *（五）*~~对被撤销的行政机关在撤销前所作出的具体行政行为不服的，向继续行使其职权的行政机关的上一级行政机关申请行政复议。~~ ~~有前款所列情形之一的，申请人也可以向具体行政行为发生地的县级地方人民政府提出行政复议申请，由接受申请的县级地方人民政府依照本法第十八条的规定办理。~~	
第*十四*条　对国务院部门或者省、自治区、直辖市人民政府的~~具体~~行政行为不服的，向作出该具体行政行为的国务院部门*或者*省、自治区、直辖市人民政府申请行政复议。对行政复议决定不服的，可以向人民法院提起行政诉讼；也可以向国务院申请裁决，国务院依照本法的规定作出最终裁决。	第*二十四*条*第二款*　除前款规定外，省、自治区、直辖市人民政府同时管辖对本机关作出的行政行为不服的行政复议案件。 第*二十五*条　国务院部门管辖下列行政复议案件： （一）对本部门作出的行政行为不服的；

续表

2017 年《行政复议法》	2023 年《行政复议法》
	（二）对本部门依法设立的派出机构依照法律、行政法规、部门规章规定，以派出机构的名义作出的行政行为不服的； **（三）对本部门管理的法律、行政法规、部门规章授权的组织作出的行政行为不服的。**
	第*二十六*条　对省、自治区、直辖市人民政府**依照本法第二十四条第二款的规定、国务院部门依照本法第二十五条第一项的规定作出的**行政复议决定不服的，可以向人民法院提起行政诉讼；也可以向国务院申请裁决，国务院依照本法的规定作出最终裁决。
第*十二*条*第二款*　对海关、金融、~~国税、~~外汇管理等实行垂直领导的行政机关和国家安全机关的~~具体~~行政行为不服的，向上一级主管部门申请行政复议。	第*二十七*条　对海关、金融、外汇管理等实行垂直领导的行政机关**、税务**和国家安全机关的行政行为不服的，向上一级主管部门申请行政复议。
	第二十八条　对履行行政复议机构职责的地方人民政府司法行政部门的行政行为不服的，可以向本级人民政府申请行政复议，也可以向上一级司法行政部门申请行政复议。
第*十六*条　公民、法人或者其他组织申请行政复议，行政复议机关已经依法受理的……在~~法定~~行政复议*期限内*不得向人民法院提起行政诉讼。 公民、法人或者其他组织向人民法院提起行政诉讼，人民法院已经依法受理的，不得申请行政复议。	第*二十九*条　公民、法人或者其他组织申请行政复议，行政复议机关已经依法受理的，在行政复议*期间*不得向人民法院提起行政诉讼。 公民、法人或者其他组织向人民法院提起行政诉讼，人民法院已经依法受理的，不得申请行政复议。

续表

2017 年《行政复议法》	2023 年《行政复议法》
第*四*章　行政复议受理	第*三*章　行政复议受理
第*十七*条　行政复议机关收到行政复议申请后，应当在五日内进行审查，对不符合*本法*规定的行政复议申请，决定不予受理，并~~书面告知申请人~~；*对符合本法规定，但是不属于本机关受理的行政复议申请，应当告知申请人向有关行政复议机关提出。* ~~除前款规定外，行政复议申请自行政复议机关负责法制工作的机构收到之日起即为受理。~~	第*三十*条　行政复议机关收到行政复议申请后，应当在五日内进行审查。**对符合下列规定的，行政复议机关应当予以受理：** **（一）有明确的申请人和符合本法规定的被申请人；** **（二）申请人与被申请行政复议的行政行为有利害关系；** **（三）有具体的行政复议请求和理由；** **（四）在法定申请期限内提出；** **（五）属于本法规定的行政复议范围；** **（六）属于本机关的管辖范围；** **（七）行政复议机关未受理过该申请人就同一行政行为提出的行政复议申请，并且人民法院未受理过该申请人就同一行政行为提起的行政诉讼。** 对不符合*前款*规定的行政复议申请，行政复议机关应当**在审查期限内**决定不予受理并**说明理由**；*不属于本机关管辖的，还应当在不予受理决定中告知申请人有管辖权的行政复议机关。* **行政复议申请的审查期限届满，行政复议机关未作出不予受理决定的，审查期限届满之日起视为受理。**
~~第十八条　依照本法第十五条第二款的规定接受行政复议申请的县级地方人民政府，对依照本法第十五条第一款的规定属于其他行政复议机关~~	

续表

2017 年《行政复议法》	2023 年《行政复议法》
受理的行政复议申请,应当自接到该行政复议申请之日起七日内,转送有关行政复议机关,并告知申请人。接受转送的行政复议机关应当依照本法第十七条的规定办理。	
	第三十一条　行政复议申请材料不齐全或者表述不清楚,无法判断行政复议申请是否符合本法第三十条第一款规定的,行政复议机关应当自收到申请之日起五日内书面通知申请人补正。补正通知应当一次性载明需要补正的事项。 申请人应当自收到补正通知之日起十日内提交补正材料。有正当理由不能按期补正的,行政复议机关可以延长合理的补正期限。无正当理由逾期不补正的,视为申请人放弃行政复议申请,并记录在案。 行政复议机关收到补正材料后,依照本法第三十条的规定处理。
	第三十二条　对当场作出或者依据电子技术监控设备记录的违法事实作出的行政处罚决定不服申请行政复议的,可以通过作出行政处罚决定的行政机关提交行政复议申请。 行政机关收到行政复议申请后,应当及时处理;认为需要维持行政处罚决定的,应当自收到行政复议申请之日起五日内转送行政复议机关。

续表

2017 年《行政复议法》	2023 年《行政复议法》
	第三十三条　行政复议机关受理行政复议申请后，发现该行政复议申请不符合本法第三十条第一款规定的，应当决定驳回申请并说明理由。
第十九条　法律、法规规定应当先向行政复议机关申请行政复议、对行政复议决定不服再向人民法院提起行政诉讼的，行政复议机关决定不予受理或者受理后超过行政复议期限不作答复的，公民、法人或者其他组织可以自收到~~不予受理~~决定书之日起或者行政复议期满之日起十五日内，依法向人民法院提起行政诉讼。	第三十四条　法律、**行政**法规规定应当先向行政复议机关申请行政复议、对行政复议决定不服再向人民法院提起行政诉讼的，行政复议机关决定不予受理、**驳回申请**或者受理后超过行政复议期限不作答复的，公民、法人或者其他组织可以自收到决定书之日起或者行政复议期**限届**满之日起十五日内，依法向人民法院提起行政诉讼。
第二十条　公民、法人或者其他组织依法提出行政复议申请，行政复议机关无正当理由不予受理的，上级行政机关应当责令其~~受理~~；必要时，上级行政机关~~也~~可以直接受理。	第三十五条　公民、法人或者其他组织依法提出行政复议申请，行政复议机关无正当理由不予受理、**驳回申请或者受理后超过行政复议期限不作答复的，申请人有权向上级行政机关反映，**上级行政机关应当责令其**纠正**；必要时，上级行政**复议**机关可以直接受理。
	第四章　行政复议审理
	第一节　一般规定
	第三十六条　行政复议机关受理行政复议申请后，依照本法适用普通程序或者简易程序进行审理。行政复议机构应当指定行政复议人员负责办理行政复议案件。

续表

2017年《行政复议法》	2023年《行政复议法》
	行政复议人员对办理行政复议案件过程中知悉的国家秘密、商业秘密和个人隐私，应当予以保密。
	第三十七条　行政复议机关依照法律、法规、规章审理行政复议案件。 行政复议机关审理民族自治地方的行政复议案件，同时依照该民族自治地方的自治条例和单行条例。
	第三十八条　上级行政复议机关根据需要，可以审理下级行政复议机关管辖的行政复议案件。 下级行政复议机关对其管辖的行政复议案件，认为需要由上级行政复议机关审理的，可以报请上级行政复议机关决定。
	第三十九条　行政复议期间有下列情形之一的，行政复议中止： （一）作为申请人的公民死亡，其近亲属尚未确定是否参加行政复议； （二）作为申请人的公民丧失参加行政复议的行为能力，尚未确定法定代理人参加行政复议； （三）作为申请人的公民下落不明； （四）作为申请人的法人或者其他组织终止，尚未确定权利义务承受人； （五）申请人、被申请人因不可抗力或者其他正当理由，不能参加行政复议；

续表

2017 年《行政复议法》	2023 年《行政复议法》
	（六）依照本法规定进行调解、和解，申请人和被申请人同意中止； **（七）行政复议案件涉及的法律适用问题需要有权机关作出解释或者确认；** **（八）行政复议案件审理需要以其他案件的审理结果为依据，而其他案件尚未审结；** **（九）有本法第五十六条或者第五十七条规定的情形；** **（十）需要中止行政复议的其他情形。** **行政复议中止的原因消除后，应当及时恢复行政复议案件的审理。** **行政复议机关中止、恢复行政复议案件的审理，应当书面告知当事人。**
	第四十条　行政复议期间，行政复议机关无正当理由中止行政复议的，上级行政机关应当责令其恢复审理。
第*二十五*条　行政复议~~决定作出前，~~申请人要求撤回行政复议申请的，~~经说明理由，~~可以撤回；撤回行政复议申请的，行政复议终止。	第*四十一*条　行政复议**期间**有下列情形之一的，行政复议机关决定终止行政复议： （一）申请人撤回行政复议申请，行政复议机构准予撤回； **（二）作为申请人的公民死亡，没有近亲属或者其近亲属放弃行政复议权利；** **（三）作为申请人的法人或者其他组织终止，没有权利义务承受人或者其权利义务承受人放弃行政复议权利；**

续表

2017 年《行政复议法》	2023 年《行政复议法》
	（四）申请人对行政拘留或者限制人身自由的行政强制措施不服申请行政复议后，因同一违法行为涉嫌犯罪，被采取刑事强制措施； （五）依照本法第三十九条第一款第一项、第二项、第四项的规定中止行政复议满六十日，行政复议中止的原因仍未消除。
第二十一条　行政复议期间具体行政行为不停止执行；但是，有下列情形之一的，可以停止执行： （一）被申请人认为需要停止执行的； （二）行政复议机关认为需要停止执行的； （三）申请人申请停止执行，行政复议机关认为其要求合理，决定停止执行的； （四）法律规定停止执行的。	第四十二条　行政复议期间行政行为不停止执行；但是有下列情形之一的，应当停止执行： （一）被申请人认为需要停止执行； （二）行政复议机关认为需要停止执行； （三）申请人、第三人申请停止执行，行政复议机关认为其要求合理，决定停止执行； （四）法律、法规、规章规定停止执行的其他情形。
	第二节　行政复议证据
	第四十三条　行政复议证据包括： （一）书证； （二）物证； （三）视听资料； （四）电子数据； （五）证人证言； （六）当事人的陈述； （七）鉴定意见；

续表

2017年《行政复议法》	2023年《行政复议法》
	（八）勘验笔录、现场笔录。 以上证据经行政复议机构审查属实，才能作为认定行政复议案件事实的根据。
	第四十四条　被申请人对其作出的行政行为的合法性、适当性负有举证责任。 有下列情形之一的，申请人应当提供证据： （一）认为被申请人不履行法定职责的，提供曾经要求被申请人履行法定职责的证据，但是被申请人应当依职权主动履行法定职责或者申请人因正当理由不能提供的除外； （二）提出行政赔偿请求的，提供受行政行为侵害而造成损害的证据，但是因被申请人原因导致申请人无法举证的，由被申请人承担举证责任； （三）法律、法规规定需要申请人提供证据的其他情形。
第三条*第一款第二项*　……行政复议机关~~负责法制工作的机构~~……履行下列职责： （二）向有关~~组织和人员~~调查取证，查阅文件和资料；	第四十五条　行政复议机关有权向有关单位和个人调查取证，查阅、复制、调取有关文件和资料，向有关人员进行询问。 调查取证时，行政复议人员不得少于两人，并应当出示行政复议工作证件。 被调查取证的单位和个人应当积极配合行政复议人员的工作，不得拒绝或者阻挠。

续表

2017年《行政复议法》	2023年《行政复议法》
第二十四条 在行政复议~~过程中~~，被申请人不得自行向申请人和其他有关~~组织~~或者个人收集证据。	*第四十六条* 行政复议**期间**，被申请人不得自行向申请人和其他有关**单位**或者个人收集证据；**自行收集的证据不作为认定行政行为合法性、适当性的依据。** **行政复议期间，申请人或者第三人提出被申请行政复议的行政行为作出时没有提出的理由或者证据的，经行政复议机构同意，被申请人可以补充证据。**
第二十三条第二款 申请人、第三人可以查阅被申请人提出的书面答复、作出~~具体~~行政行为的证据、依据和其他有关材料，除涉及国家秘密、商业秘密~~或者~~个人隐私外，行政复议*机关*~~不得拒绝~~。	*第四十七条* **行政复议期间，**申请人、第三人**及其委托代理人**可以**按照规定**查阅、**复制**被申请人提出的书面答复、作出行政行为的证据、依据和其他有关材料，除涉及国家秘密、商业秘密、个人隐私**或者可能危及国家安全、公共安全、社会稳定的情形**外，行政复议*机构***应当同意**。
	第三节 普通程序
第二十三条第一款 行政复议~~机关负责法制工作的~~机构应当自行政复议申请受理之日起七日内，将行政复议申请书副本或者行政复议申请笔录复印件发送被申请人。被申请人应当自收到申请书副本或者申请笔录复印件之日起十日内，提出书面答复，并提交~~当初~~作出~~具体~~行政行为的证据、依据和其他有关材料。	*第四十八条* 行政复议机构应当自行政复议申请受理之日起七日内，将行政复议申请书副本或者行政复议申请笔录复印件发送被申请人。被申请人应当自收到**行政复议**申请书副本或者**行政复议**申请笔录复印件之日起十日内，提出书面答复，并提交作出行政行为的证据、依据和其他有关材料。

续表

2017 年《行政复议法》	2023 年《行政复议法》
第二十二条　行政复议原则上采取书面审查的办法，但是申请人提出要求或者行政复议机关负责法制工作的机构认为有必要时，可以向有关组织和人员调查情况，听取申请人、被申请人和第三人的意见。	第四十九条　**适用普通程序审理的行政复议案件，行政复议机构应当当面或者通过互联网、电话等方式**听取当事人的意见，**并将听取的意见记录在案。因当事人原因不能听取意见的，可以书面审理。**
	第五十条　审理重大、疑难、复杂的行政复议案件，行政复议机构应当组织听证。 **行政复议机构认为有必要听证，或者申请人请求听证的，行政复议机构可以组织听证。** **听证由一名行政复议人员任主持人，两名以上行政复议人员任听证员，一名记录员制作听证笔录。**
	第五十一条　行政复议机构组织听证的，应当于举行听证的五日前将听证的时间、地点和拟听证事项书面通知当事人。 **申请人无正当理由拒不参加听证的，视为放弃听证权利。** **被申请人的负责人应当参加听证。不能参加的，应当说明理由并委托相应的工作人员参加听证。**
	第五十二条　县级以上各级人民政府应当建立相关政府部门、专家、学者等参与的行政复议委员会，为办理行政复议案件提供咨询意见，并就行政复议工作中的重大事项和共性问题研究提出意见。行政复议委员会的组

续表

2017 年《行政复议法》	2023 年《行政复议法》
	成和开展工作的具体办法，由国务院行政复议机构制定。 审理行政复议案件涉及下列情形之一的，行政复议机构应当提请行政复议委员会提出咨询意见： （一）案情重大、疑难、复杂； （二）专业性、技术性较强； （三）本法第二十四条第二款规定的行政复议案件； （四）行政复议机构认为有必要。 行政复议机构应当记录行政复议委员会的咨询意见。
	第四节　简易程序
	第五十三条　行政复议机关审理下列行政复议案件，认为事实清楚、权利义务关系明确、争议不大的，可以适用简易程序： （一）被申请行政复议的行政行为是当场作出； （二）被申请行政复议的行政行为是警告或者通报批评； （三）案件涉及款额三千元以下； （四）属于政府信息公开案件。 除前款规定以外的行政复议案件，当事人各方同意适用简易程序的，可以适用简易程序。
	第五十四条　适用简易程序审理的行政复议案件，行政复议机构应当自受理行政复议申请之日起三日内，将行政复议申请书副本或者行政复议

续表

2017 年《行政复议法》	2023 年《行政复议法》
	申请笔录复印件发送被申请人。被申请人应当自收到行政复议申请书副本或者行政复议申请笔录复印件之日起五日内，提出书面答复，并提交作出行政行为的证据、依据和其他有关材料。 **适用简易程序审理的行政复议案件，可以书面审理。**
	第五十五条　适用简易程序审理的行政复议案件，行政复议机构认为不宜适用简易程序的，经行政复议机构的负责人批准，可以转为普通程序审理。
	第五节　行政复议附带审查
第二十六条　申请人~~在申请行政复议时，一并~~提出对~~本法第七条所列有关规定~~的审查申请~~的~~，行政复议机关~~对该规定~~有权处理的，应当在三十日内依法处理；无权处理的，应当在七日内~~按照法定程序~~转送有权处理的行政机关依法处理~~，有权处理的行政机关应当在六十日内依法处理。处理期间，中止对具体行政行为的审查。~~	第五十六条　申请人**依照本法第十三条的规定**提出对**有关规范性文件**的**附带**审查申请，行政复议机关有权处理的，应当在三十日内依法处理；无权处理的，应当在七日内转送有权处理的行政机关依法处理。
第二十七条　行政复议机关在对被申请人作出的~~具体~~行政行为进行审查时，认为其依据不合法，本机关有权处理的，应当在三十日内依法处理；无权处理的，应当在七日内~~按照法定程序~~转送有权处理的国家机关依法处理。~~处理期间，中止对具体行政行为的审查。~~	第五十七条　行政复议机关在对被申请人作出的行政行为进行审查时，认为其依据不合法，本机关有权处理的，应当在三十日内依法处理；无权处理的，应当在七日内转送有权处理的国家机关依法处理。

续表

2017 年《行政复议法》	2023 年《行政复议法》
	第五十八条　行政复议机关依照本法第五十六条、第五十七条的规定有权处理有关规范性文件或者依据的，行政复议机构应当自行政复议中止之日起三日内，书面通知规范性文件或者依据的制定机关就相关条款的合法性提出书面答复。制定机关应当自收到书面通知之日起十日内提交书面答复及相关材料。 **行政复议机构认为必要时，可以要求规范性文件或者依据的制定机关当面说明理由，制定机关应当配合。**
	第五十九条　行政复议机关依照本法第五十六条、第五十七条的规定有权处理有关规范性文件或者依据，认为相关条款合法的，在行政复议决定书中一并告知；认为相关条款超越权限或者违反上位法的，决定停止该条款的执行，并责令制定机关予以纠正。
	第六十条　依照本法第五十六条、第五十七条的规定接受转送的行政机关、国家机关应当自收到转送之日起六十日内，将处理意见回复转送的行政复议机关。
第五章　行政复议决定	第五章　行政复议决定
第三条第一款第三项　…… （三）*审查申请行政复议的~~具体~~行政行为是否合法与适当，拟订行政复议决定；*	*第六十一条*　行政复议机关**依照本法审理行政复议案件，由行政复议机构对**行政行为进行审查，提出意见，经行政复议机关的负责人同意或者集

续表

2017年《行政复议法》	2023年《行政复议法》
第二十八条第一款 行政复议机关负责法制工作的机构应当对被申请人作出的具体行政行为进行审查，提出意见，经行政复议机关的负责人同意或者集体讨论通过后，按照下列规定作出行政复议决定： ……	体讨论通过后，**以行政复议机关的名义**作出行政复议决定。 **经过听证的行政复议案件，行政复议机关应当根据听证笔录、审查认定的事实和证据，依照本法作出行政复议决定。** **提请行政复议委员会提出咨询意见的行政复议案件，行政复议机关应当将咨询意见作为作出行政复议决定的重要参考依据。**
第三十一条第一款 行政复议机关应当自受理申请之日起六十日内作出行政复议决定；但是法律规定的行政复议期限少于六十日的除外。情况复杂，不能在规定期限内作出行政复议决定的，经行政复议机关的负责人批准，可以适当延长，并告知申请人和被申请人；但是延长期限最多不超过三十日。	第六十二条 **适用普通程序审理的行政复议案件**，行政复议机关应当自受理申请之日起六十日内作出行政复议决定；但是法律规定的行政复议期限少于六十日的除外。情况复杂，不能在规定期限内作出行政复议决定的，经行政复议机**构**的负责人批准，可以适当延长，并**书面**告知**当事人**；但是延长期限最多不**得**超过三十日。 **适用简易程序审理的行政复议案件，行政复议机关应当自受理申请之日起三十日内作出行政复议决定。**
	第六十三条 行政行为有下列情形之一的，行政复议机关决定变更该行政行为： **（一）事实清楚，证据确凿，适用依据正确，程序合法，但是内容不适当；** **（二）事实清楚，证据确凿，程序合法，但是未正确适用依据；**

续表

2017年《行政复议法》	2023年《行政复议法》
	（三）事实不清、证据不足，经行政复议机关查清事实和证据。 **行政复议机关不得作出对申请人更为不利的变更决定，但是第三人提出相反请求的除外。**
第二十八条*第一款第三项*　~~具体~~行政行为有下列情形之一的，决定撤销、~~变更或者确认该具体~~行政行为违法；~~决定撤销或者确认该具体行政行为违法的，~~可以责令被申请人在一定期限内重新作出~~具体~~行政行为： 1. 主要事实不清、证据不足的； 2. 适用依据~~错误~~的； 3. 违反法定程序的； 4. 超越或者滥用职权的； ~~5. 具体行政行为明显不当的。~~ 第二十八条第二款　行政复议机关责令被申请人重新作出~~具体~~行政行为的，被申请人不得以同一的事实和理由作出与~~原具体~~行政行为相同或者基本相同的~~具体~~行政行为。	*第六十四条*　行政行为有下列情形之一的，**行政复议机关**决定撤销或者**部分撤销**该行政行为，并可以责令被申请人在一定期限内重新作出行政行为： （一）主要事实不清、证据不足； （二）违反法定程序； （三）适用的依据**不合法**； （四）超越职权或者滥用职权。 行政复议机关责令被申请人重新作出行政行为的，被申请人不得以同一事实和理由作出与**被申请行政复议的**行政行为相同或者基本相同的行政行为，**但是行政复议机关以违反法定程序为由决定撤销或者部分撤销的除外。**
	第六十五条　行政行为有下列情形之一的，行政复议机关不撤销该行政行为，但是确认该行政行为违法： **（一）依法应予撤销，但是撤销会给国家利益、社会公共利益造成重大损害；** **（二）程序轻微违法，但是对申请人权利不产生实际影响。** **行政行为有下列情形之一，不需要**

续表

2017年《行政复议法》	2023年《行政复议法》
	撤销或者责令履行的，行政复议机关确认该行政行为违法： **（一）行政行为违法，但是不具有可撤销内容；** **（二）被申请人改变原违法行政行为，申请人仍要求撤销或者确认该行政行为违法；** **（三）被申请人不履行或者拖延履行法定职责，责令履行没有意义。**
第二十八条*第一款第二项* 被申请人不履行法定职责的，决定*其*在一定期限内履行；	第*六十六*条 被申请人不履行法定职责的，*行政复议机关*决定*被申请人*在一定期限内履行。
	第六十七条 行政行为有实施主体不具有行政主体资格或者没有依据等重大且明显违法情形，申请人申请确认行政行为无效的，行政复议机关确认该行政行为无效。
第二十八条*第一款第一项* ~~具体~~行政行为认定事实清楚，证据确凿，适用依据正确，程序合法，内容适当的，决定维持；	第*六十八*条 行政行为认定事实清楚，证据确凿，适用依据正确，程序合法，内容适当的，*行政复议机关*决定维持*该行政行为*。
	第六十九条 行政复议机关受理申请人认为被申请人不履行法定职责的行政复议申请后，发现被申请人没有相应法定职责或者在受理前已经履行法定职责的，决定驳回申请人的行政复议请求。

续表

2017 年《行政复议法》	2023 年《行政复议法》
第二十八条*第一款第四项* 被申请人不按照本法~~第二十三条~~的规定提出书面答复、提交~~当初~~作出~~具体~~行政行为的证据、依据和其他有关材料的，视为该~~具体~~行政行为没有证据、依据，决定撤销该~~具体~~行政行为。	第七十条 被申请人不按照本法**第四十八条、第五十四条**的规定提出书面答复、提交作出行政行为的证据、依据和其他有关材料的，视为该行政行为没有证据、依据，**行政复议机关**决定撤销、**部分撤销**该行政行为，**确认该行政行为违法、无效或者决定被申请人在一定期限内履行，但是行政行为涉及第三人合法权益，第三人提供证据的除外。**
	第七十一条 被申请人不依法订立、不依法履行、未按照约定履行或者违法变更、解除行政协议的，行政复议机关决定被申请人承担依法订立、继续履行、采取补救措施或者赔偿损失等责任。 **被申请人变更、解除行政协议合法，但是未依法给予补偿或者补偿不合理的，行政复议机关决定被申请人依法给予合理补偿。**
第二十九条 申请人在申请行政复议时~~可以~~一并提出行政赔偿请求，行政复议机关对符合国家赔偿法的有关规定应当给予赔偿的，在决定撤销、变更~~具体~~行政行为或者确认具体行政行为违法时，应当同时决定被申请人依法给予赔偿。 申请人在申请行政复议时没有提出行政赔偿请求的，行政复议机关在依法决定撤销或者变更罚款，撤销违	第七十二条 申请人在申请行政复议时一并提出行政赔偿请求，行政复议机关**对依照《中华人民共和国国家赔偿法》的有关规定应当不予赔偿的，在作出行政复议决定时，应当同时决定驳回行政赔偿请求；**对符合《**中华人民共和国**国家赔偿法》的有关规定应当给予赔偿的，在决定撤销**或者部分撤销**、变更行政行为或者确认行政行为违法、**无效**时，应当同时决定被申

续表

2017 年《行政复议法》	2023 年《行政复议法》
法集资、没收财物、征收~~财物~~、摊派费用以及对财产的查封、扣押、冻结等具体行政行为时，应当同时责令被申请人返还财产，解除对财产的查封、扣押、冻结措施，或者赔偿相应的价款。	请人依法给予赔偿；**确认行政行为违法的，还可以同时责令被申请人采取补救措施**。 申请人在申请行政复议时没有提出行政赔偿请求的，行政复议机关在依法决定撤销**或者部分撤销**、变更罚款，撤销**或者部分撤销**违法集资、没收财物、征收**征用**、摊派费用以及对财产的查封、扣押、冻结等行政行为时，应当同时责令被申请人返还财产，解除对财产的查封、扣押、冻结措施，或者赔偿相应的价款。
~~第三十条第二款　根据国务院或者省、自治区、直辖市人民政府对行政区划的勘定、调整或者征收土地的决定，省、自治区、直辖市人民政府确认土地、矿藏、水流、森林、山岭、草原、荒地、滩涂、海域等自然资源的所有权或者使用权的行政复议决定为最终裁决。~~	
	第七十三条　当事人经调解达成协议的，行政复议机关应当制作行政复议调解书，经各方当事人签字或者签章，并加盖行政复议机关印章，即具有法律效力。 **调解未达成协议或者调解书生效前一方反悔的，行政复议机关应当依法审查或者及时作出行政复议决定。**
	第七十四条　当事人在行政复议决定作出前可以自愿达成和解，和解

续表

2017 年《行政复议法》	2023 年《行政复议法》
	内容不得损害国家利益、社会公共利益和他人合法权益,不得违反法律、法规的强制性规定。 **当事人达成和解后,由申请人向行政复议机构撤回行政复议申请。行政复议机构准予撤回行政复议申请、行政复议机关决定终止行政复议的,申请人不得再以同一事实和理由提出行政复议申请。但是,申请人能够证明撤回行政复议申请违背其真实意愿的除外。**
第三十一条*第二款、第三款* 行政复议机关作出行政复议决定,应当制作行政复议决定书,并加盖印章。 行政复议决定书一经送达,即发生法律效力。	第七十五条 行政复议机关作出行政复议决定,应当制作行政复议决定书,并加盖**行政复议机关**印章。 行政复议决定书一经送达,即发生法律效力。
第三条*第一款第五项* …… (五)*对行政机关违反本法规定的行为依照规定的权限和程序提出处理建议;*	第七十六条 行政复议机关在办理行政复议案件过程中,发现被申请人或者其他下级行政机关的有关行政行为违法或者不当的,可以向其制发行政复议意见书。**有关机关应当自收到行政复议意见书之日起六十日内,将纠正相关违法或者不当行政行为的情况报送行政复议机关。**
第三十二条 被申请人应当履行行政复议决定。 被申请人不履行或者无正当理由拖延履行行政复议决定的,行政复议机关或者有关上级行政机关应当责令其限期履行。	第七十七条 被申请人应当履行行政复议决定**书、调解书、意见书**。 被申请人不履行或者无正当理由拖延履行行政复议决定**书、调解书、意见书**的,行政复议机关或者有关上级行政机关应当责令其限期履行**,并可**

续表

2017 年《行政复议法》	2023 年《行政复议法》
	以约谈被申请人的有关负责人或者予以通报批评。
第三十三条　申请人逾期不起诉又不履行行政复议决定的，或者不履行最终裁决的行政复议决定的，按照下列规定分别处理： （一）维持~~具体~~行政行为的行政复议决定，由作出~~具体~~行政行为的行政机关依法强制执行，或者申请人民法院强制执行； （二）变更~~具体~~行政行为的行政复议决定，由行政复议机关依法强制执行，或者申请人民法院强制执行。	第七十八条　申请人、**第三人**逾期不起诉又不履行行政复议决定**书、调解书**的，或者不履行最终裁决的行政复议决定的，按照下列规定分别处理： （一）维持行政行为的行政复议决定**书**，由作出行政行为的行政机关依法强制执行，或者申请人民法院强制执行； （二）变更行政行为的行政复议决定**书**，由行政复议机关依法强制执行，或者申请人民法院强制执行； **（三）行政复议调解书，由行政复议机关依法强制执行，或者申请人民法院强制执行。**
	第七十九条　行政复议机关根据被申请行政复议的行政行为的公开情况，按照国家有关规定将行政复议决定书向社会公开。 **县级以上地方各级人民政府办理以本级人民政府工作部门为被申请人的行政复议案件，应当将发生法律效力的行政复议决定书、意见书同时抄告被申请人的上一级主管部门。**
第六章　法律责任	第六章　法律责任
第三十四条　行政复议机关~~违反本法规定，无正当理由不予受理依法提出的行政复议申请或者不按照规定~~	第八十条　行政复议机关**不依照本法规定履行行政复议职责**，对**负有责任的领导人员和**直接责任人员依法

续表

2017年《行政复议法》	2023年《行政复议法》
~~转送行政复议申请的，或者在法定期限内不作出行政复议决定的，~~对~~直接负责的主管人员~~和~~其他~~直接责任人员依法给予警告、记过、记大过的~~行政~~处分；经~~责令受理仍不受理或者不按照规定转送行政复议申请~~，造成严重后果的，依法给予降级、撤职、开除的~~行政~~处分。	给予警告、记过、记大过的处分；经**有权监督的机关督促仍不改正或者**造成严重后果的，依法给予降级、撤职、开除的处分。
第三十五条　行政复议机关工作人员在行政复议活动中，徇私舞弊或者有其他渎职、失职行为的，依法给予警告、记过、记大过的~~行政~~处分；情节严重的，依法给予降级、撤职、开除的~~行政~~处分；构成犯罪的，依法追究刑事责任。	第八十一条　行政复议机关工作人员在行政复议活动中，徇私舞弊或者有其他渎职、失职行为的，依法给予警告、记过、记大过的处分；情节严重的，依法给予降级、撤职、开除的处分；构成犯罪的，依法追究刑事责任。
第三十六条　被申请人违反本法规定，不提出书面答复或者不提交作出~~具体~~行政行为的证据、依据和其他有关材料，或者阻挠、变相阻挠公民、法人或者其他组织依法申请行政复议的，对~~直接负责的主管~~人员和~~其他~~直接责任人员依法给予警告、记过、记大过的~~行政~~处分；进行报复陷害的，依法给予降级、撤职、开除的~~行政~~处分；构成犯罪的，依法追究刑事责任。	第八十二条　被申请人违反本法规定，不提出书面答复或者不提交作出行政行为的证据、依据和其他有关材料，或者阻挠、变相阻挠公民、法人或者其他组织依法申请行政复议的，对**负有责任的领导**人员和直接责任人员依法给予警告、记过、记大过的处分；进行报复陷害的，依法给予降级、撤职、开除的处分；构成犯罪的，依法追究刑事责任。
第三十七条　被申请人不履行或者无正当理由拖延履行行政复议决定的，对~~直接负责的主管人员~~和~~其他~~直接责任人员依法给予警告、记过、记大过的~~行政~~处分；经责令履行仍拒不履行的，依法给予降级、撤职、开除的~~行政~~处分。	第八十三条　被申请人不履行或者无正当理由拖延履行行政复议决定**书、调解书、意见书**的，对**负有责任的领导人员**和直接责任人员依法给予警告、记过、记大过的处分；经责令履行仍拒不履行的，依法给予降级、撤职、开除的处分。

续表

2017年《行政复议法》	2023年《行政复议法》
	第八十四条　拒绝、阻挠行政复议人员调查取证，故意扰乱行政复议工作秩序的，依法给予处分、治安管理处罚；构成犯罪的，依法追究刑事责任。
第三十八条　行政复议机关负责法制工作的机构发现有无正当理由不予受理行政复议申请、不按照规定期限作出行政复议决定、徇私舞弊、对申请人打击报复或者不履行行政复议决定等情形的，应当向有关行政机关提出建议，有关行政机关应当依照本法和有关法律、行政法规的规定作出处理。	第八十五条　行政机关及其工作人员违反本法规定的，行政复议机关可以向监察机关或者公职人员任免机关、单位移送有关人员违法的事实材料，接受移送的监察机关或者公职人员任免机关、单位应当依法处理。
	第八十六条　行政复议机关在办理行政复议案件过程中，发现公职人员涉嫌贪污贿赂、失职渎职等职务违法或者职务犯罪的问题线索，应当依照有关规定移送监察机关，由监察机关依法调查处置。
第七章　附　　则	第七章　附　　则
第三十九条　行政复议机关受理行政复议申请，不得向申请人收取任何费用……	第八十七条　行政复议机关受理行政复议申请，不得向申请人收取任何费用。
第四十条　行政复议期间的计算和行政复议文书的送达，依照民事诉讼法关于期间、送达的规定执行。 本法关于行政复议期间有关"五日"、"七日"的规定是指工作日，不含节假日。	第八十八条　行政复议期间的计算和行政复议文书的送达，**本法没有规定的**，依照**《中华人民共和国**民事诉讼法》关于期间、送达的规定执行。 本法关于行政复议期间有关**"三日"**、"五日"、"七日"、**"十日"**的规定是指工作日，不含**法定休**假日。

续表

2017年《行政复议法》	2023年《行政复议法》
第四十一条　外国人、无国籍人、外国组织在中华人民共和国境内申请行政复议，适用本法。	第八十九条　外国人、无国籍人、外国组织在中华人民共和国境内申请行政复议，适用本法。
~~第四十二条　本法施行前公布的法律有关行政复议的规定与本法的规定不一致的，以本法的规定为准。~~	
第四十三条　本法自~~1999年10月1日~~起施行。~~1990年12月24日国务院发布、1994年10月9日国务院修订发布的《行政复议条例》同时废止。~~	第九十条　本法自**2024年1月1日**起施行。